A MISSÃO
do AGENTE da PASTORAL da COMUNICAÇÃO

Dom Valdir José de Castro, ssp

A MISSÃO do AGENTE da PASTORAL da COMUNICAÇÃO

Direção editorial:	Edvaldo Manoel Araújo, C.Ss.R.
Conselho editorial:	Domingos Sávio da Silva, C.Ss.R.
	Jônata Schneider de Andrade, C.Ss.R.
	Lucas Emanuel Almeida, C.Ss.R.
	Márcio Fabri dos Anjos, C.Ss.R.
	Marco Lucas Tomaz, C.Ss.R.
	Thiago Costa Alves de Souza, C.Ss.R.
Coordenação editorial:	Ana Lúcia de Castro Leite
Copidesque e Revisão:	Kalima Editores
Diagramação:	Kalima Editores
Capa:	Mauricio Pereira

Dados Internacionais de Catalogação na Publicação (CIP) de acordo com ISBD

C918m Castro, Dom Valdir José de

A missão do agente da Pastoral da Comunicação / Dom Valdir José de Castro. - Aparecida : Editora Santuário, 2024.
88 p. ; 14cm x 21cm.

ISBN: 978-65-5527-433-2
ISBN: 978-65-5808-286-6 (Paulinas)

1. Religião. 2. Cristianismo. 3. Pastoral da Comunicação. 4. Evangelização. 5. Igreja católica. I. Título.

2024-1724
CDD 240
CDU 24

Elaborado por Odilio Hilario Moreira Junior - CRB-8/9949

Índice para catálogo sistemático:
1. Religião : Cristianismo 240
2. Religião : Cristianismo 24

Paulinas

Rua Dona Inácia Uchoa, 62
04110-020 – São Paulo – SP (Brasil)
Tel.: (11) 2125-3500
paulinas.com.br – editora@paulinas.com.br
Telemarketing e SAC: 0800-7010081

Direção Geral: Ágda França
Editora responsável: Maria Goretti de Oliveira

Todos os direitos reservados à **EDITORA SANTUÁRIO** – 2024

 Rua Pe. Claro Monteiro, 342 – 12570-045 – Aparecida-SP
Tel.: 12 3104-2000 – Televendas: 0800 - 0 16 00 04
www.editorasantuario.com.br
vendas@editorasantuario.com.br

Sumário

Apresentação 7
1. Evangelização e comunicação 11
   1.1 O Agente da Pascom: "sujeito eclesial" 11
   1.2 A missão da Igreja é evangelizar 13
   1.3 O encontro com Jesus 14
2. O que é comunicação? 17
   2.1 Experiência humana fundamental 17
   2.2 Muito além da informação 20
   2.3 Comunicação e comunhão 21
   2.4 O corpo na comunicação 23
   2.5 Falar e escutar cordialmente 25
   2.6 Diálogo, palavra e silêncio 27
   2.7 A convivência com o "diferente" 29
3. Comunicação e cultura 33
   3.1 A cultura como ambiente 33
   3.2 Visão linear da comunicação 35
   3.3 Tempos de mudança, tempos de crise 37
   3.4 A lógica da comunicação em rede 39
   3.5 Habitar o ambiente digital 41
   3.6 Vida digital e vida presencial 43
   3.7 Construindo a "cultura do encontro" 45
4. O olhar crítico sobre a cultura da comunicação 49
   4.1 Ricos em técnica e pobres em humanidade 49
   4.2 Inteligência artificial 52

4.3 A supremacia do mercado 55
4.4 O ritmo do espetáculo e as aparências 57
5. A comunicação, nos passos de Jesus 61
5.1 O comunicador perfeito 61
5.2 O estilo cristão nas redes digitais 64
5.3 A parábola do comunicador 66
5.4 Os influenciadores digitais cristãos 68
5.5 A tentação do estrelismo 71
5.6 Apóstolo Paulo, artesão de comunhão 73
5.7 A santidade na cultura da comunicação 75
ORAÇÃO 79
Referências bibliográficas 81

Apresentação

A comunicação é um tema que tem a ver com a condição humana. A Igreja, "perita em humanidade", tem valorizado a comunicação, sobretudo nos últimos sessenta anos, após o Concílio Vaticano II, com a publicação do Decreto *Inter Mirifica*, sobre os meios de comunicação social. Relendo os pronunciamentos dos papas dessas últimas décadas, especialmente as mensagens por ocasião do Dia Mundial das Comunicações Sociais, como também os vários documentos da Igreja sobre esta área de pastoral, damo-nos conta de como a Igreja buscou valorizar a comunicação a partir das diversas dimensões e das realidades da vida eclesial e da sociedade.

Entre os grandes passos na compreensão da comunicação, está a consciência de que não basta utilizar as mídias, ou as diversas linguagens da comunicação, para difundir conteúdos – relativos à vida cristã e ao Magistério da Igreja –, mas é necessário integrar a própria mensagem na cultura criada a partir da comunicação moderna. A Igreja se dá conta de que é necessário, sim, utilizar todos os meios de comunicação impressos, eletrônicos e digitais na sua missão evangelizadora, mas sobretudo entrar na cultura da comunicação, se ela deseja ter uma linguagem compreensível pela humanidade do nosso tempo.

Este livro, voltado principalmente às pessoas que atuam na Pastoral da Comunicação, ressalta a importância de compreender a sociedade atual a partir dos processos de comunicação, não só no que diz respeito às tecnologias, mas também da comunicação centrada na pessoa e na sua relação interpessoal, com a sociedade e o mundo. Defende que é necessário superar uma visão puramente instrumental da comunicação e resgatar a comunicação humanista. Valoriza e situa o agente da Pastoral da Comunicação (Pascom) nessa perspectiva, considerando que *"compreender profundamente as pessoas e a sociedade na qual se vive e se atua é condição essencial para o êxito de toda ação evangelizadora"*[1].

A reflexão presente neste livro parte do princípio de que, antes de tudo, o agente da Pastoral da Comunicação é um evangelizador e, portanto, um comunicador. O seu trabalho não se reduz a difundir a mensagem cristã pelos meios de comunicação social e no ambiente digital. Também isso! Não é apenas um técnico, mesmo sabendo que sem as técnicas, especialmente as do mundo digital, é impossível uma evangelização eficaz.

A técnica sozinha não ajuda. A técnica ajuda se por detrás houver um coração, uma mente, um homem, uma mulher que contribui[2] para a que comunicação seja de qualidade. O agente da Pascom, antes de ser um técnico, é uma pessoa humana, é um cristão, um instru-

---

1 CNBB, *Diretório de Comunicação da Igreja no Brasil*, 4ª edição (atualizada), Brasília: Edições CNBB, 2023, nº 11.

2 FRANCISCO, *Discurso aos funcionários e participantes na Assembleia Plenária do Dicastério para a Comunicação*, 12 de novembro de 2022.

mento vivo de comunicação do Evangelho por meio de suas palavras, atitudes e ações.

O livro começa ressaltando o agente da Pascom como aquele que se dedica a um serviço particular na Igreja, em vista de responder ao chamado de ser um evangelizador, cuja missão se fundamenta no batismo. Depois, apresenta alguns tópicos para aprofundar o que realmente significa "comunicar", ressaltando a comunicação "humana" em relação à comunicação "instrumental".

A seguir, situa o leitor na cultura da comunicação, de modo especial, no ambiente digital para, em seguida, chamar a atenção para o "olhar crítico" que é necessário ter, frente a essa complexa realidade. Por fim, destaca Jesus como o modelo de comunicador, como aquele que inspira o Agente a assumir um estilo cristão no universo da comunicação, de modo a desenvolver uma comunicação positiva, que o ajude a construir pontes, que o torne um instrumento de comunhão e colaborador na concretização da cultura do encontro.

Certamente, há muitos outros elementos que poderiam estar presentes neste livro, que têm a ver com a vida e a missão do Agente de pastoral da comunicação. Sem a pretensão de esgotar o tema, neste livro são acenados alguns aspectos, principalmente no que se refere à comunicação enquanto condição humana que cria proximidade e estabelece relações. Esperamos que seu conteúdo motive os nossos e nossas Agentes da Pascom, homens e mulheres, a seguirem adiante na maravilhosa missão de serem sinais de comunhão, a partir do Evangelho e do horizonte fascinante da comunicação. Boa leitura e reflexão!

1. Evangelização e comunicação

1.1 O Agente da Pascom: "sujeito eclesial"

Geralmente, a ideia que se faz do Agente da Pastoral da Comunicação é daquela pessoa envolvida nas atividades pastorais ligadas aos meios técnicos de comunicação impressos, eletrônicos e digitais. É de alguém que exerce algum trabalho que se enquadra na área de jornalismo, relações públicas, internet, propaganda, fotografia etc. Obviamente tudo isso tem a ver com o Agente da Pascom e é uma riqueza para a missão da Igreja ter pessoas preparadas nessas áreas.

Porém, por mais importantes que sejam essas atividades, o Agente da Pascom não é um simples voluntário que atua na área da comunicação mas, antes de tudo, é um verdadeiro "sujeito eclesial"[1]. É alguém que está inserido numa pastoral específica da Igreja, não somente porque se sente atraído pelas maravilhosas técnicas inventadas pela inteligência humana, mas porque se sente "chamado" para atuar nesse campo, como que realizando uma "vocação" estreitamente ligada ao compromisso cristão que nasce do batismo.

Enquanto "sujeito eclesial", o Agente da Pascom precisa levar em consideração, pelo menos, três coisas que

---

1 CNBB, *Diretório de Comunicação...*, Op. cit., nº 326.

têm a ver com a sua missão. Em primeiro lugar, *"o Agente da Pascom é aquele que testemunha o seu encontro com a Pessoa de Jesus e encontra nele a força para a sua missão. Mais do que um trabalho, a ação pastoral deve ser compreendida como vivência batismal"*[2]. O pasconeiro assume um estilo de vida, inspirado em Jesus, o "comunicador perfeito".

Outro aspecto a destacar é que o Agente da Pascom não pode, como enfatizaremos no decorrer deste livro, reduzir a sua missão ao uso dos meios técnicos de comunicação. Sabemos da importância da comunicação instrumental, porém, a sua ação vai muito além. Isto é, o Agente está envolvido com a comunicação e a coloca em prática a partir do complexo mundo das relações humanas. Nesse sentido, o Agente da Pascom é chamado a ser uma pessoa articuladora da vida e das relações comunitárias.

Um terceiro ponto é que o Agente da Pascom precisa estar consciente de que está inserido numa pastoral que é o eixo transversal de todas as pastorais. Obviamente, todas as pastorais são transversais, isto é, perpassam umas às outras. No entanto, *"essa natureza reflete-se de maneira mais intensa na Pascom, na medida em que se concretiza como uma pastoral a serviço da comunhão"*[3].

Lembremos que o termo "pastoral" vem do verbo pastorear e tem como referência Jesus, o Bom Pastor. Ele é o modelo de toda ação pastoral da Igreja. Enquanto "Pastor", Jesus comunica amor, misericórdia, compaixão, atenção a todas as pessoas, especialmente aos sofredo-

---
2 *Ibidem*, nº 326.
3 *Ibidem*, nº 327.

res e marginalizados. Como Bom Pastor, ele cuida das ovelhas, chama-as pelo nome, conduz, caminha à frente delas e dá vida por elas[4].

O Agente da Pascom é antes de tudo um evangelizador que se inspira em Jesus. Aliás, evangelização e comunicação são duas realidades que se complementam, pois evangelizar é comunicar e a comunicação, impregnada de Evangelho, confere vigor e fecundidade à missão da Igreja.

1.2 A missão da Igreja é evangelizar

O Agente da Pascom age na Igreja e com a Igreja. Se queremos compreender a Igreja do ponto de vista de sua missão, necessariamente precisamos fazer referência à evangelização. Isso porque anunciar ao mundo o Evangelho não é uma ação optativa da Igreja. É a sua missão. Nasce do mandado de Jesus aos seus discípulos: *"Ide por todo o mundo, proclamai o Evangelho a toda criatura"* (Mc 16, 15). Evangelizar é, antes de tudo, comunicar a "Boa notícia" de Jesus – crucificado, morto e ressuscitado – ao mundo. Em outras palavras e concretamente, é tornar o Reino de Deus presente no mundo, conforme Jesus anunciou, utilizando de todos os meios para isso.

Todos os batizados são sujeitos ativos da evangelização, entre eles, os Agentes da Pascom. Cada Agente é chamado a ver-se como um "evangelizador" e, nesse sentido, a sentir-se parte do corpo, que é a Igreja, na perspectiva apontada pelo apóstolo são Paulo: *"Pois assim como num só corpo temos muitos membros, e os membros não têm todos a mesma função, de modo*

---
4 Cf. *Ibidem*, nº 325.

análogo, nós somos muitos e formamos um só corpo em Cristo, sendo membros uns dos outros" (Rm 12, 4-5). Não é demais enfatizar que evangelizar constitui a graça e a vocação própria da Igreja, a sua mais profunda identidade[5]. A evangelização, porém, não é um ato individual e isolado, mas é sempre eclesial[6]. Todo batizado que anuncia o Evangelho mesmo se, em determinadas circunstâncias, o faz por iniciativa própria, e não ligado a uma comunidade específica, suas palavras e ações estão sempre unidas à atividade evangelizadora de toda a Igreja.

Porém, é preciso esclarecer que o que entendemos por evangelização vai além dos discursos ou da simples repetição das palavras de Jesus, escritas nos quatro evangelhos. Obviamente, consiste também nisto! Mas, evangelizar significa, sobretudo, dar "testemunho". *"Vós sereis minhas testemunhas"* (Cf. At 1,8), disse Jesus aos seus discípulos, antes de voltar ao Pai, na ascensão ao Céu.

A Igreja é a comunidade de homens e mulheres que acreditam e anunciam Jesus Cristo, movida pelo Espírito Santo, e dá testemunho da sua fé. É comunidade que experimenta, na sua vida, o Pentecostes e, portanto, é missionária. Está sempre em saída. O Agente da Pastoral da Comunicação é também chamado a entrar nessa dinâmica e a evangelizar no campo específico dessa pastoral.

1.3 O encontro com Jesus

O Agente da Pascom, enquanto evangelizador, não pode jamais se esquecer que o "Evangelho", por excelência, antes de tudo, é Jesus, a "Palavra encarnada", a

---

5 Cf. PAULO VI, *Evangelii Nuntiandi*, nº 14.
6 Cf. *Ibidem*, nº 60.

comunicação humana de Deus, que se faz história. É chamado a confrontar-se constantemente com Ele, que é o centro do anúncio, e a sentir na própria pele que *"a alegria do Evangelho enche o coração e a vida inteira daqueles que se encontram com Jesus"*[7].

De fato, para todo cristão, evangelizar é testemunhar a fé em Jesus, o Filho de Deus, nosso salvador, que viveu fazendo o bem, morreu por amor e ressuscitou, concretizando na história humana o que havia sido profetizado nas Sagradas Escrituras. Este é o ponto de partida da evangelização! Sem se esquecer, porém, que aquele que acolhe o Evangelho, como Palavra que salva, o traduz depois em atitudes sacramentais: adesão à Igreja, aceitação dos sacramentos que manifestam e sustentam essa adesão, pela graça que eles conferem[8].

Os discípulos, portanto, são chamados a ser testemunhas do que aprenderam de Jesus, a partir do encontro que fizeram com Ele. Como bem esclareceu o papa Bento XVI, *"ao início do ser cristão, não há uma decisão ética ou uma grande ideia, mas o encontro com um acontecimento, com uma Pessoa que dá à vida um novo horizonte e, desta forma, o rumo decisivo"*[9].

No que se refere ao "rumo decisivo", é preciso estar atento ao fato de que a Igreja é a comunidade de homens e mulheres que acreditam e anunciam Jesus Cristo, mas movidos pelo Espírito Santo, não pelas próprias razões. Nesse sentido, o papa Francisco faz uma importante advertência: *"Estai atentos que o Evangelho não é uma ideia, o Evangelho não é uma ideologia: o*

---

7 Cf. *Ibidem*, nº 1.
8 Cf. *Ibidem*, nº 23.
9 BENTO XVI, *Deus Caritas Est*, nº 217.

Evangelho é um anúncio que toca o coração e te faz mudar o coração, mas se tu te refugiares numa ideia, numa ideologia quer de direita quer de esquerda quer de centro, estás a fazer do Evangelho um partido político, uma ideologia, um clube de pessoas"[10].

É à luz do Espírito Santo que a Igreja é chamada a evangelizar. Nessa perspectiva, cada cristão é chamado a deixar-se guiar pelo Espírito. De fato, o termo "cristão" (que deriva de "Cristo") significa "ungido" no Espírito. A "unção no Espírito" consequentemente deve levar à missão, como aconteceu com Jesus, o Cristo. É assim que Ele se expressa na sinagoga no início de sua missão, atribuindo a si as palavras do profeta Isaías: *"O Espírito do Senhor está sobre mim, porque ele me ungiu para evangelizar os pobres.; enviou-me para proclamar a remissão aos presos e aos cegos a recuperação da vista, para restituir a liberdade aos oprimidos e para proclamar um ano de graça do Senhor"* (Lc 4,18-19). O Espírito Santo "unge" e "envia em missão"!

A Igreja tem a tarefa de continuar a missão de Cristo, sempre atenta ao Espírito e aos sinais dos tempos, isto é, sempre tendo presente os acontecimentos, a vida humana na sua globalidade, com as suas alegrias e esperanças, suas tristezas e angústias[11]. De modo especial, o Agente da Pascom é chamado a deixar-se guiar pelo Espírito Santo para poder ler os sinais dos tempos, particularmente, no universo da cultura da comunicação, como veremos mais adiante. Pois aí é o lugar principal da sua atuação como evangelizador.

---

10 FRANCISCO, *Audiência Geral*, 22 de fevereiro de 2023.
11 CONCÍLIO VATICANO II, *Gaudium et Spes*, nº 1.

2. O que é comunicação?

O campo de atuação do Agente da Pascom na missão da Igreja é o da comunicação, uma realidade que precisa ser compreendida na variedade de seus significados. Entre esses está o da dimensão que este livro deseja aprofundar, isto é, a comunicação como proximidade que gera e estreita as relações humanas. Justamente, o primeiro objetivo de toda comunicação é o de levar o ser humano a entrar em relação com o outro, a compartilhar, a ir além de seus próprios interesses, a criar comunhão. Num tempo em que triunfa a dimensão instrumental da comunicação (ainda que seja um aspecto relevante!), é preciso salvar a sua dimensão humana, daquela humanidade que brota dos aspectos mais profundos na tradição cristã.

2.1 Experiência humana fundamental

A comunicação virou palavra de moda nas últimas décadas e é aplicada a várias realidades. Entendemos por comunicação tanto aquela presencial e direta, entre duas ou mais pessoas, como as interações a distância mediatizadas pelas tecnologias – imprensa, televisão, rádio, cinema, telefone, internet etc. Mas também se refere às várias áreas de estudos e profissões que atuam nesse âmbito. Uma coisa é certa: fala-se, hoje, tanto de comunicação que se corre o risco de esvaziar o seu significado. Tudo no mundo está conectado e em comunicação. A comunicação é uma realidade que faz parte de tudo o que habita o universo e, de modo especial, diz respeito à vida humana. Assim como não existe ser humano sem sociedade, não existe sociedade sem comunicação, entendida aqui como a ação que cria proximidade e interação. Nesta nossa reflexão queremos aprofundar a comunicação como uma experiência humana fundamental, partindo do princípio de que a qualidade das relações humanas depende, em grande parte, da qualidade da comunicação.

De fato, *"do ponto de vista cristão, a comunicação é autêntica quando é encarnada na realidade humana e constrói proximidade com o outro"*[1]. Nesse sentido, o agente da Pascom é chamado não somente a entender das tecnologias da comunicação e a utilizá-las no seu trabalho pastoral, mas a "ser" comunicador, a estar constantemente ciente de que o ser humano é o início e o fim da comunicação, de que entre um instrumento técnico e outro há sempre pessoas de carne e osso, com desejos e sentimentos, enviando e recebendo mensagens e interagindo. Por trás de cada leitor, ouvinte, telespectador ou usuário das redes sociais, existe sempre uma pessoa concreta.

Por mais sofisticados que sejam os recursos técnicos que tenhamos à disposição, especialmente no campo digital, estes não determinam a qualidade da comunicação. A tecnologia, por si só, não garante uma comu-

---

1 FRANCISCO, *Mensagem para o 48º Dia Mundial das Comunicações Sociais*, 01.06.2014.

nicação que gera verdadeira interação e sintonia. Depende de cada pessoa, tanto daquela que recebe como daquela que transmite a mensagem, contribuir para que a comunicação seja positiva, que não seja frustrada nos seus objetivos.

Quando uma comunicação é positiva? Quando contribui para melhorar as relações entre as pessoas, quando estas se sentem minimamente gratificadas e satisfeitas em suas necessidades básicas de afeto, compreensão, aceitação, respeito, quando há liberdade para expressar os sentimentos, quando contribui para conviver com as diferenças e superar inevitáveis conflitos etc.

No caso de surgir algum conflito, este não pode ser ignorado ou dissimulado. Deve ser aceito. Isso não significa que se deva viver encurralado nele. Caso isso aconteça, os horizontes reduzem-se e a própria realidade fica fragmentada. Quando se mergulha na conjuntura conflitual, perde-se o sentido da unidade profunda da realidade[2]. É preciso, então, paciência e serenidade para enfrentá-lo por meio do diálogo.

Por outro lado, a comunicação é negativa quando prevalece a insensibilidade e o individualismo. Quando não se dedica tempo ao outro, quando não há abertura e mecanismos para superar os bloqueios, quando carece de recursos para resolver os conflitos por meio do diálogo, quando falta amor, compreensão, paciência. O Agente da Pascom é chamado a estar atento a esses aspectos da comunicação, para que esta seja fecunda no seu trabalho pastoral.

---

2 Cf. FRANCISCO, Evangelii Gaudium, n° 226.

2.2 Muito além da informação

No aprofundamento da comunicação, é oportuno distingui-la da informação. Ainda que façam parte do mesmo campo de significado, há diferenças entre "informar" e "comunicar". A informação está na difusão em massa do jornal, do rádio, da televisão, da revista, da internet etc., daí o motivo da expressão "sociedade da informação". Na informação, uma pessoa ou um veículo de comunicação emite sinais e alguém os capta. Os dados são transmitidos, sem a certeza de que o receptor recebeu de forma correta a mensagem ou se a entendeu.

A informação está contida na comunicação, porém, a comunicação vai além, isto é, implica "relação". A comunicação é mais do que informação. Necessita do outro. Supõe a ação recíproca que cria interação social. É construída no diálogo. Somos bombardeados, diariamente, pelas informações, o que não significa que vivemos numa sociedade em que as pessoas dialogam e se entendem. Aliás, a "informação" em excesso pode até colocar em risco a própria qualidade da "comunicação".

O Agente da Pascom, no seu trabalho pastoral, lida muito com as informações. Obviamente que isso é importante, considerando que as informações também aproximam as pessoas e ajudam os membros da comunidade a se inteirarem dos acontecimentos e a participarem da vida comunitária. Quando as pessoas trocam informações, estão já a partilhar a si mesmas, a sua visão do mundo, as suas esperanças, os seus ideais. Mas o Agente não pode limitar-se a produzir e consumir informação. Precisa ir mais além, isto é, deve ser um incansável promotor da comunicação, porque ele sabe que esta é a "ferramenta" principal da sua atividade pastoral. O mesmo se refere à evangelização, que não pode ser reduzida à simples transmissão da mensagem do Evangelho. A Palavra de Jesus não pode limitar-se a conteúdos informativos. *"Os mensageiros de Jesus Cristo são, antes de tudo, testemunhas daquilo que viram, encontraram e experimentaram"*[3]. E o testemunho supõe palavras que criam proximidade e ações que fortalecem os relacionamentos humanos.

2.3 Comunicação e comunhão

O agente da Pascom, enquanto cristão inserido no mundo da comunicação, está a serviço da comunhão. O primeiro sentido de comunicação, surgido no século XII, corresponde justamente à ideia de "comunhão" e de "busca do outro"[4]. No século XVI, porém, com o desenvolvimento das técnicas de impressão e, posteriormente, com o advento do telégrafo, do telefone, do cinema, do rádio, da televisão, da internet, cuja realidade fez com que o mundo se tornasse uma verdadeira "aldeia global", a comunicação passou a ser entendida como "difusão" ou "transmissão" de ideias e informações.

Na era da profusão dos instrumentos técnicos de comunicação, analógicos e digitais em que vivemos, urge resgatar o sentido humano e cristão da comunicação, precisamente como "comunhão", como a capacidade do homem e da mulher de romper a redoma em torno

---

3 CNBB, *Diretrizes Gerais da Ação Evangelizadora da Igreja no Brasil 2011-2015*, nº 76.

4 WOLTON, Dominique. *Pensar la comunicación*. Buenos Aires: Prometeo Libros, 2007. p. 37.

de si mesmos. De fato, a comunhão não somente está no princípio da comunicação, mas é também o seu resultado. O que é evangelização senão buscar, à luz da Palavra de Deus e da práxis de Jesus Cristo, romper as barreiras do egoísmo e da autossuficiência e construir um mundo solidário, seja por meio da comunicação presencial, seja por meio dos instrumentos técnicos. Enfatizamos que *"a comunicação tem como objetivo primordial criar comunhão, estabelecer vínculos de relações, promover o bem comum, o serviço e o diálogo na comunidade. Sem essa ação, não há nem comunhão, nem comunidade"*[5].

A qualidade das relações humanas na família, na comunidade paroquial, no trabalho, enfim, na sociedade, depende da qualidade da comunicação, que supõe um caminho de abertura ao outro, de busca do diálogo e do esforço de romper barreiras para criar comunhão e, dessa maneira, melhorar a qualidade de vida pessoal e social. A fonte primeira da comunicação que leva à comunhão é o próprio Deus. De fato, *"a união e solidariedade entre os homens, fim principal de toda a comunicação, encontra, segundo a fé cristã, seu fundamento e figura no mistério primordial da intercomunicação eterna entre o Pai, o Filho e o Espírito Santo, que vivem uma única vida divina"*[6].

Deus não é solidão, mas comunhão; *"é amor e, consequentemente, comunicação, porque o amor sempre comunica; antes, comunica-se a si mesmo para encontrar o outro. Para comunicar conosco e Se comunicar a nós, Deus adapta-Se à nossa linguagem, estabelecendo

---
5 CNBB, *Diretório de comunicação...*, op. cit., nº 14.
6 DICASTÉRIO PARA A COMUNICAÇÃO, *Communio et Progressio*, nº 8.

na história um verdadeiro e próprio diálogo com a humanidade"[7]. Criada à imagem e semelhança de Deus, cada pessoa traz em si a nostalgia de viver em comunhão, de fazer parte de uma comunidade[8]. Trabalhar na pastoral da comunicação exige o esforço contínuo de inspirar-se na Trindade para ajudar as comunidades a viverem a unidade na diversidade de dons.

2.4 O corpo na comunicação

Quando o assunto é comunicação, não podemos nos esquecer do corpo, pois não só existimos, mas sobretudo, por meio dele, nos comunicamos. O corpo é o "meio" de comunicação insubstituível, quando entramos em contato com alguém. Mesmo quando utilizamos os meios impressos, eletrônicos ou digitais, é com o nosso corpo que nos comunicamos: com o olhar, o ouvido, a inteligência, a criatividade, o toque etc. É com o corpo que interagimos com o nosso *smartphone*, para digitar um texto e enviar ou receber mensagens de voz ou de vídeo.

Podemos afirmar que o corpo é também uma "mídia". Sempre que duas pessoas – dois corpos! – se encontram, acontece um intenso processo de comunicação, no qual ocorrem trocas de informações visuais, olfativas, auditivas, táteis, gustativas, dependendo do tipo de encontro. O termo mídia vem do latim "médium" e, geralmente, é utilizado para se referir aos instrumentos técnicos de comunicação. Enquanto no inglês passou a ser "media", no Brasil passou a ser "mídia". *"A mídia não é outra coi-*

---
[7] FRANCISCO, Mensagem para o 53º Dia Mundial das Comunicações Sociais, 02.06.2019.
[8] *Ibidem*.

sa senão o meio de campo, o intermediário, aquilo que fica entre uma coisa e outra"[9].

Como esclarece Baitello, "a comunicação começa muito antes dos meios de comunicação de massa, muito antes da imprensa, do rádio, da televisão. Antes mesmo da invenção da escrita. A mídia começa muito antes do jornal, da televisão e do rádio. A primeira mídia, a rigor, é o corpo"[10]. Se o corpo é importante na comunicação a distância, torna-se ainda mais marcante quando nos referimos à comunicação presencial e física.

Nem sempre nos damos conta de que a "linguagem" não se reduz à "palavra". Gestos e expressões corporais e do rosto também são uma linguagem, a linguagem corporal. Enquanto a linguagem oral se refere ao que se diz, os gestos e outras expressões corporais têm a ver com o "como se diz". A linguagem dos movimentos corporais e da gestualidade é um universo incrível de transmissão de mensagens que, muitas vezes, pode até contradizer as próprias palavras e a esclarecer determinados silêncios.

O corpo, a partir do qual temos consciência do mundo, é o nosso primeiro meio de comunicação. Temos consciência do mundo por meio do nosso corpo. Como diz Merlau-Ponty, *"é por meu corpo que compreendo o outro, assim como é por meu corpo que percebo 'coisas'. Assim 'compreendido', o sentido do gesto não está atrás dele, ele se confunde com a estrutura do mundo que o gesto desenha e que por minha conta eu retomo, ele se expõe no próprio ges-*

---

9 BAITELLO Junior, NORVAL. *A era da iconografia. Reflexões sobre imagem, comunicação, mídia e cultura*, São Paulo: Paulus, 2014. p. 43.

10 *Ibidem*, p. 45.

to"[11]. Tendo presente tudo isso, nós nos damos conta de que a comunicação é bastante complexa. De fato, nem sempre o que tentamos transmitir, o interlocutor capta e interpreta corretamente. São todos detalhes que o agente da Pascom também deve levar em consideração no seu trabalho pastoral.

2.5 Falar e escutar cordialmente

Geralmente, as pessoas têm em mente que uma boa comunicação, aquela que busca interação e comunhão, começa pela fala. Na verdade, o processo de comunicação interpessoal começa pela escuta, e escutar é uma arte. Na sociedade atual, bem o sabemos, há um déficit de escuta. Isso é um problema, considerando que a qualidade da escuta determina a qualidade da resposta. De fato, se não escutamos, o que vamos dizer?

O que significa, então, "escutar"? *"Escutar é muito mais do que ouvir. Ouvir diz respeito ao âmbito da informação; escutar, ao invés, refere-se ao âmbito da comunicação e requer a proximidade. A escuta permite-nos assumir a atitude justa, saindo da tranquila condição de espectadores, usuários, consumidores. Escutar significa também ser capaz de compartilhar questões e dúvidas, caminhar lado a lado, libertar-se de qualquer presunção de omnipotência e colocar, humildemente, as próprias capacidades e dons ao serviço do bem comum. Escutar nunca é fácil. Às vezes é mais cômodo fingir-se de surdo. Escutar significa prestar atenção, ter*

---

11 MERLEAU-PONTY, Maurice. *Fenomenologia da Percepção*. São Paulo: Martins Fontes, 1999. p. 253.

desejo de compreender, dar valor, respeitar, guardar a palavra alheia"[12]. A escuta não tem a ver apenas com o sentido do ouvido, mas em estar atento à realidade do interlocutor. Aquilo que torna boa e plenamente humana a comunicação é precisamente a atenção que damos a quem está à nossa frente, face a face. "Só prestando atenção a *quem* ouvimos, *àquilo que* ouvimos e ao *modo como* ouvimos é que podemos crescer na arte de comunicar, cujo cerne não é uma *teoria nem uma técnica, mas a capacidade do coração que torna possível a proximidade"*[13].

Somente a partir de uma escuta atenta é possível falar, buscando palavras que ajudam a criar proximidade e interação. Antes de tudo, palavras que sejam cordiais, gentis e respeitosas. Para que a comunicação possa atingir o seu objetivo de criar pontes, favorecer o encontro e a inclusão, é necessário o esforço de escolher cuidadosamente palavras e gestos para superar as incompreensões, curar a memória ferida e construir paz e harmonia[14].

O Agente da Pascom é alguém que é ciente de que, na ação pastoral, a obra mais importante é o "apostolado do ouvido", isto é, buscar sempre escutar, antes de falar, à luz da exortação do apóstolo Tiago: *"cada um seja pronto para ouvir, lento para falar"* (1, 19). Se o segredo para uma boa comunicação, para todas as pessoas, é escutar e falar cordialmente, isto é, com amor,

---

12 FRANCISCO, Mensagem para o 50º Dia Mundial das Comunicações Sociais, 08.05.2016.

13 FRANCISCO, Mensagem para o 56º Dia Mundial das Comunicações Sociais, 24.01.2022.

14 Cf. *Ibidem.*

isso deveria se dar ainda mais quando, nesta comunicação, está envolvido o Agente da Pascom. Oferecer gratuitamente um pouco do próprio tempo para escutar as pessoas é um verdadeiro gesto de amor. De fato, o amor, por sua natureza, é comunicação que nos leva a romper com toda forma de isolamento. Nessa perspectiva, o Agente da Pascom deverá sempre se lembrar que, se o seu coração e os seus gestos forem animados pela caridade, pelo amor divino, a sua comunicação será portadora da força de Deus[15].

2.6 Diálogo, palavra e silêncio

A escuta é o primeiro e indispensável ingrediente da boa comunicação e indispensável para o processo do diálogo. O termo "diálogo" significa "palavra que atravessa", que liga as pessoas envolvidas numa conversação. Para que o diálogo se torne, de fato, "comunicação", no sentido que estamos aprofundando, é preciso que os envolvidos não tenham, como primeiro objetivo, aprender, conhecer, pesquisar ou ter informações do outro, mas que estejam abertos a uma conversa que surge livre e inesperadamente[16], sem outras pretensões, sem "segundas intenções", a não ser a de compartilhar. Um encontro que dê margem à liberdade, ao respeito e à novidade.

Um diálogo bem-sucedido supõe acolher e dar atenção ao interlocutor. Muitas vezes, isso pode não acon-

---

15 Cf. FRANCISCO, Mensagem para o 50º Dia Mundial das Comunicações Sociais, 08.05.2016.

16 Cf. MARCONDES FILHO, Ciro. *O rosto e a máquina. O fenômeno da comunicação visto pelos ângulos humano, medial e tecnológico*. Nova Teoria da Comunicação. São Paulo: Paulus, 2013. v. I, p. 37.

tecer, por exemplo, nas ocasiões em que se fica à espera de que o outro acabe de falar para impor o próprio ponto de vista. Nessas situações, o diálogo não passa de um monólogo a duas vozes. Ao contrário, na verdadeira comunicação, o eu e o tu encontram-se ambos "em saída", tendendo um para o outro.

O diálogo requer também a virtude da paciência junto com a capacidade de se deixar surpreender pela "verdade do outro", mesmo que seja apenas um fragmento de verdade. Por isso, o diálogo exige abertura e superação de todo preconceito, somado à consciência de que o outro também tem algo de bom para dizer, de que é preciso dar espaço ao seu ponto de vista, às suas propostas, de que ninguém é dono da verdade. Exige estar ciente de que *"dialogar não significa renunciar às próprias ideias e tradições, mas à pretensão de que sejam únicas e absolutas"*[17].

O diálogo requer uma atitude que hoje está em crise, isto é, o "silêncio", que é parte integrante da comunicação. O silêncio não só comunica, mas também orienta a comunicação. *"No silêncio, escutamo-nos e conhecemo-nos melhor a nós mesmos, nasce e aprofunda-se o pensamento, compreendemos com maior clareza o que queremos dizer ou aquilo que ouvimos do outro, discernimos como exprimir-nos"*[18].

É preciso saber alternar "palavra e silêncio" quando dialogamos com alguém, para que o diálogo resulte positivo para ambas as partes. Como esclarece o papa Ben-

---

17 FRANCISCO, Mensagem para o 48º Dia Mundial das Comunicações Sociais, 01.06.2014.

18 BENTO XVI, Mensagem para o 46º Dia Mundial das Comunicações Sociais, 20.05.2012.

to XVI, palavra e silêncio *"são dois momentos da comunicação que se devem equilibrar, alternar e integrar entre si para se obter um diálogo autêntico e uma união profunda entre as pessoas. Quando palavra e silêncio se excluem mutuamente, a comunicação deteriora-se, porque provoca um certo aturdimento ou, no caso contrário, cria um clima de indiferença; quando, porém se integram reciprocamente, a comunicação ganha valor e significado"*[19].

O Agente da Pascom tem como um dos desafios de sua missão fomentar o diálogo, seja dentro da própria equipe de trabalho, seja também na comunidade ou nas outras instâncias pastorais na qual é chamado a atuar. "Palavra e silêncio" serão imprescindíveis no relacionamento com as pessoas e o caminho privilegiado para superar conflitos, construir pontes e estreitar a comunhão.

2.7 A convivência com o "diferente"

Já vimos que comunicar é a capacidade de abrir-se aos outros na busca de interação. Porém, é preciso dar-nos conta de que a comunicação é um desafio não somente nas relações como os "iguais", ou seja, com os que participam dos nossos círculos de amizade, que nutrem dos mesmos desejos e projetos, mas também dos que são diferentes de nós. A comunicação é uma condição humana que exige abertura ao outro, que leva a *"buscar o outro, reconhecer sua alteridade, sua especificidade, sua diferença em relação a mim, sua estranheza"*[20].

---

19 *Ibidem.*
20 MARCONDES FILHO, Ciro. *O rosto e a máquina. O fenômeno da comunicação visto pelos ângulos humano, medial e tecnológico.* Nova Teoria da Comunicação. São Paulo: Paulus, 2013. v. I, p. 36.

Somos diferentes. Mas nossas diferenças não são necessariamente um problema e não podem causar medo. É preciso superar o medo do "diferente" e assumir a atitude de ver o outro não como uma ameaça, mas como uma oportunidade para crescer nos relacionamentos. De fato, o contato com as diferenças é uma riqueza. Já na família, fazemos a primeira experiência de conviver com o diferente, mesmo sendo membros de um mesmo núcleo familiar. Podemos dizer que a família é o primeiro espaço onde se aprende a conviver com o diferente. Nesse caso, são *"diferenças de gêneros e de gerações, que comunicam, antes de mais nada, acolhendo-se mutuamente, porque existe um vínculo entre elas. E quanto mais amplo for o leque destas relações, tanto mais diversas são as idades e mais rico é o nosso ambiente de vida"*[21].

Seja com as pessoas da família de origem, seja com outras pessoas que vamos conhecendo nos nossos relacionamentos sociais, temos necessidade de ser pacientes, se quisermos compreender e acolher aqueles que são diferentes de nós, sempre com o espírito de abertura. De fato, *"uma pessoa expressa-se plenamente a si mesma, não quando é simplesmente tolerada, mas quando sabe que é verdadeiramente acolhida. Se estamos verdadeiramente desejosos de escutar os outros, então aprenderemos a ver o mundo com olhos diferentes e a apreciar a experiência humana tal como se manifesta nas várias culturas e tradições"*[22].

---

21 FRANCISCO, *Mensagem para o 49° Dia Mundial das Comunicações Sociais*, 17.05.2015.

22 FRANCISCO, *Mensagem para o 48° Dia Mundial das Comunicações Sociais*, 01.06.2014.

Obviamente, as diferenças podem gerar conflitos, como já afirmamos. Porém não é impossível construir uma comunhão nas diferenças. Isso pode ser facilitado quando buscamos ultrapassar a superfície de possíveis conflitos e passamos a considerar os outros no seu valor como pessoa humana e na sua dignidade, partir dos aspectos convergentes, e não dos pontos de vista que dividem.

Aliás, viver em comunhão não é viver a uniformidade, mas a unidade na diversidade de dons, de características culturais, de idade, de raça etc. A esse respeito, são esclarecedoras as palavras do Papa Francisco quando afirma que *"como num coro, a unidade requer, não a uniformidade, a monotonia, mas a pluralidade e variedade das vozes, a polifonia. Ao mesmo tempo, cada voz do coro canta escutando as outras vozes na sua relação com a harmonia do conjunto. Esta harmonia é concebida pelo compositor, mas a sua realização depende da sinfonia de todas e cada uma das vozes"*[23].

O Agente da Pascom não pode se esquecer de que *"as diferenças entre as pessoas e as comunidades por vezes são incômodas, mas o Espírito Santo, que suscita esta diversidade, de tudo pode tirar algo de bom e transformá-lo em dinamismo evangelizador que atua por atração. A diversidade deve ser sempre conciliada com a ajuda do Espírito Santo; só Ele pode suscitar a diversidade, a pluralidade, a multiplicidade e, ao mesmo tempo, realizar a unidade"*[24].

---
[23] Cf. FRANCISCO, *Mensagem para o 55º Dia Mundial das Comunicações Sociais*, 23.01.2021.
[24] FRANCISCO, *Evangelii Gaudium*, nº 131.

3. Comunicação e cultura

A cultura na qual vivemos está estreitamente associada à comunicação. Por seu lado, a "comunicação" é de tal forma mediada pela cultura que se torna um modo pelo qual a própria cultura é disseminada, realizada e efetivada. Os meios de comunicação impressos, eletrônicos e digitais constituem-se em elementos determinantes dessa cultura, tornando-a cada vez mais globalizada. Nesse sentido, tudo o que está ligado às tecnologias da comunicação é expressão da cultura, que incide diretamente na vida pessoal e social. Por isso, é imprescindível entender esse ambiente, pois é nessa cultura que o Agente da Pascom, inspirado pelos valores do Evangelho, é chamado a desenvolver o seu trabalho na pastoral da comunicação e a dar o seu testemunho cristão.

3.1 A cultura como ambiente

São numerosos os conceitos de cultura. Uma definição breve e útil é: *"a cultura é a parte do ambiente que é feita pelo homem"*[1], em cujo espaço vital os meios de comunicação impressos, eletrônicos e digitais têm grande relevância. E não poderia deixar de ser assim.

---

1 SANTAELLA, Lúcia. *Culturas e artes do pós-humano. Da cultura das mídias à cibercultura*. Coleção Comunicação. São Paulo: Paulus, 2003. p. 31.

De fato, as pessoas passam, hoje, um tempo enorme navegando na internet, ouvindo rádio, assistindo à televisão, frequentando cinemas, convivendo com música, fazendo compras, lendo revistas e jornais (digitais e impressos), participando dessas e de outras formas de cultura veiculada pelos meios de comunicação. Trata-se de uma cultura que passou a dominar a vida cotidiana e que serve de pano de fundo onipresente e muitas vezes de sedutor primeiro plano para o qual convergem nossa atenção e nossas atividades.

Já nos inícios dos anos noventa, quando o ambiente digital estava começando, João Paulo II dava-se conta de que a Igreja, na sua missão evangelizadora, não pode conceber os meios de comunicação como instrumentos isolados. Reconhecia que os meios de comunicação social haviam alcançado tamanha importância que eram para muitos o principal instrumento de informação e formação, de guia e inspiração dos comportamentos individuais, familiares e sociais. Constatava que não era suficiente usá-los para difundir a mensagem cristã e o Magistério da Igreja, mas que era necessário integrar a mensagem na "nova cultura" criada pela comunicação moderna. Era ciente de que o desafio para a evangelização não estava tanto nos conteúdos, mas no próprio fato de existirem novos modos de comunicar com novas linguagens, novas técnicas, novas atitudes psicológicas[2].

Algumas décadas depois dessas afirmações, torna-se ainda mais evidente que o surgimento do sistema digital de comunicação, caracterizado pelo seu alcance global e de integração de todos os meios de comunicação e interatividade, está mudando e continuará transforman-

---
2 JOÃO PAULO II, *Redemptoris Missio*, nº 37.

do para sempre a nossa cultura. Podemos afirmar que, hoje, vivemos *"numa cultura amplamente digitalizada que tem impactos muito profundos na noção de tempo e espaço, na percepção de si mesmo, dos outros e do mundo, na maneira de comunicar, aprender, obter informações, entrar em relação com os outros"*[3].

É impossível pensar e entender o ser humano contemporâneo sem situá-lo na cultura da comunicação. É impossível a pastoral da comunicação ignorar essa realidade. Mais precisamente, o Agente da Pascom tem como desafio aprofundar a cultura da comunicação, acompanhar as mudanças provocadas pelas tecnologias, compreender o que está acontecendo com o ser humano que vive nesse contexto cultural e quais as implicações para a sua fé e a sua participação na vida eclesial.

3.2 Visão linear da comunicação

O que de fato mudou na comunicação com a chegada das tecnologias digitais, em relação aos meios de comunicação tradicionais? Nos últimos quarenta anos muita coisa mudou na comunicação, depois dos anos de supremacia da imprensa, do cinema, do rádio e da televisão. Não somente a tecnologia revolucionou a forma de relação entre o emissor da mensagem e o receptor, mas com o advento do ambiente digital mudou a própria lógica da comunicação.

De fato, os meios de comunicação de massa tradicionais – que obviamente ainda não perderam a sua influência na sociedade! – têm como uma das características principais "transmitir e difundir" conteúdos por meio de textos escritos, da voz, da imagem etc. a um

---
3 FRANCISCO, *Christus Vivit*, nº 86.

público vasto e disperso. Um autor (ou vários emissores), através da linguagem de determinado meio de comunicação, transmite uma mensagem a uma multidão de receptores com o objetivo de atingi-la, segundo uma determinada estratégia.

Na perspectiva dos meios de comunicação de massa, essa prática da comunicação se reduz à "transmissão" a partir de uma lógica linear, na qual o autor da mensagem busca realizar, em sentido único, os efeitos programados sobre o público. Esta comunicação parte de um determinado ponto para os possíveis receptores. Num certo sentido, trata-se de uma comunicação unidirecional, vertical, hierárquica e autoritária, uma vez que é limitado o espaço para a interatividade.

A Igreja, no decorrer da história, e especialmente quando se refere à evangelização com os meios técnicos de comunicação, tem utilizado esta lógica. Na primeira mensagem para o Dia Mundial das Comunicações Sociais, o Papa Paulo VI, em 1967, tinha presentes as grandes transformações que tais meios estavam provocando na sociedade. Reconhecia que *"graças a essas maravilhosas técnicas, a convivência humana assumiu dimensões novas: o tempo e o espaço foram superados, e o homem tornou-se um cidadão do mundo, coparticipante e testemunha dos acontecimentos mais distantes e das vicissitudes de toda a humanidade"*[4].

Com os meios de comunicação tradicionais, o tempo e o espaço são superados para enviar mensagens, para transmitir conteúdos e informações. Obviamente, recorrer ao poder de tais meios técnicos para colocá-los a serviço do Evangelho encontra ainda o seu signi-

---
4 PAULO VI, *Mensagem para o 1º Dia das Comunicações Sociais*, 07.05.1967.

ficado na sociedade contemporânea. Como já fizemos referência, o próprio mandado de Jesus aos seus discípulos é o de "anunciar", "transmitir", tudo o que ele havia ordenado. Mas é claro, vale salientar, um anúncio acompanhado do testemunho, ou seja, do esforço de transformar o Evangelho em prática de vida, a partir das relações pessoais e com o mundo.

Ainda que continue a existir o sistema comunicacional entendido na forma tradicional, vertical, constatamos que está em contínuo crescimento o modelo, típico das redes telemáticas, no ambiente digital, mais horizontalizado. Essa é uma das mais significativas mudanças, ocorridas nas últimas décadas, em relação à comunicação, da qual o Agente da Pascom deve servir-se. Precisa compreender que vive numa realidade sempre mais conectada e que esse tipo de comunicação, que é o próprio âmbito de sua missão, proporciona ao seu apostolado uma revolução histórica.

3.3 Tempos de mudança, tempos de crise

Conforme expusemos, entre as mudanças que constatamos na cultura hodierna existem aquelas ocorridas no campo da comunicação, especialmente com a chegada das tecnologias digitais. A esse respeito podemos fazer algumas perguntas, entre outras: conhecemos, de fato, a gramática do ambiente comunicativo assinalado pela conexão e pela comunicação em rede? Sabemos viver, trabalhar e evangelizar nessa cultura? Talvez, para algumas pessoas, o fato de procurar responder a essas perguntas pode causar mal-estar, principalmente se se dá conta de um certo "analfabetismo digital".

Com efeito, descobrir-se "analfabeto digital" ou "imigrante digital", que balbucia alguma palavra indispensável, pode provocar embaraço, inquietação, sentido de estranheza, desencorajamento. Pode levar também a uma crise e, consequentemente, a assumir um destes comportamentos: um indiferentismo, como se essa realidade não existisse, e, nesse caso, buscar manter-se em segurança com os meios tradicionais; ou a superação desse sentimento de embaraço com a iniciativa de aprender e assumir plenamente a nova realidade comunicacional.

É certo que o contexto em que vivemos – social, político, cultural, religioso – influi sobre nossa vida, mas uma possível "crise" está sempre ligada à pessoa, e não tanto à situação externa. De fato, crise é uma situação, um modo de posicionar-se em relação a uma realidade. Crise é situação da pessoa: não a realidade exterior, mas a pessoa situa-se ou se reencontra situada em relação de crise com essa realidade. A crise é uma condição humana e liga-se sempre à decisão.

Para sair de uma crise é preciso tomar decisão. Uma saída possível é afrontar a situação de modo positivo, extraindo dela todas aquelas oportunidades que ela esconde. Evidentemente, se as pessoas entram em crise, entra em crise a própria instituição à qual elas pertencem, porque esta é formada de pessoas em carne e osso, com suas qualidades e debilidades, com seus medos e sua criatividade.

As instituições, como por exemplo a Igreja, não são outra coisa que um conjunto de relações pessoais estruturadas em torno da fé e de uma missão. Se os seus membros entram em crise, a própria missão entra em crise. Então é necessário encarar juntos a crise, procurando tomar as decisões que sejam favoráveis ao bem comum e à sua missão. É necessário unir as forças, partilhar valores e estratégias em torno dos mesmos ideais onde as responsabilidades, diversas para cada um, são desenvolvidas numa visão de conjunto.

Entre essas iniciativas, está também aquela de atualizar continuamente a instituição em relação às tecnologias no campo da comunicação. Assumir as inovações tecnológicas na área da comunicação implica a superação de crises que nascem da ruptura de posturas conformistas expressas pela afirmação: "fizemos sempre assim". O mundo se transforma e não nos espera. Isso exige da pastoral da comunicação acompanhar as mudanças no campo comunicacional, superar a "pastoral de conservação", para que o Evangelho seja compreendido e acolhido pela sociedade de hoje.

3.4 A lógica da comunicação em rede

O desafio para o Agente da Pascom não é apenas assumir as novas tecnologias no campo digital, mas "decidir" entrar na lógica da comunicação em rede e "descobrir", nesta realidade, um grande e complexo horizonte para estabelecer relações humanas, em vista da evangelização. De fato, a rede digital pode ser um lugar rico de humanidade, não uma rede de fios, mas de pessoas humanas, uma rede de pessoas concretas, que defronte à obscuridade e às incertezas dos tempos em que vivemos necessitam de luz e de esperança[5].

É especialmente a essas pessoas que o Agente da Pascom é chamado a dar o testemunho do Evangelho e

---

5 Cf. FRANCISCO, *Mensagem para o 53º Dia Mundial das Comunicações Sociais*, 02.06.2019.

a anunciá-lo com as linguagens desta realidade comunicativa. Tem de se conscientizar de que é necessário estar em rede para evangelizar em rede. É importante ter presente que na internet a palavra "rede" deve ser entendida num sentido muito particular, enquanto não é construída segundo princípios hierárquicos, mas como se uma grande teia de aranha em forma de globo envolvesse a terra inteira sem confins nem centro. A comunicação em rede tem uma lógica própria. Não há um centro que sustém o todo e não ocorre numa estrutura linear, mas "rizomática", isto é, *"a figura da rede convida-nos a refletir sobre a multiplicidade de percursos e nós que, na falta de um centro, uma estrutura de tipo hierárquico, uma organização de tipo vertical, asseguram a sua consistência. A rede funciona graças à coparticipação de todos os elementos"*[6].

Em âmbito informático, o termo "nó" é utilizado para se referir a um aparelho ligado em uma rede, que é capaz de comunicar com outros aparelhos ligados à mesma rede. Se um ponto ou nó – que tem valor em si e define-se em relação ao todo – é removido ou agregado, como consequência a estrutura da rede se autorreorganiza. Mais do que um fluxo unidirecional e hierárquico de informação – como ocorre com o livro, a TV, o rádio –, a comunicação em rede digital não acontece segundo uma direção única, porque cada internauta constrói de forma autônoma e única a sua rota de navegação.

A rede, portanto, não é somente "estrutura", mas é "ambiente" de relações e se tornou parte integrante da vida pessoal e social da humanidade. A rede não é apenas algo mais, exterior à vida; é condição, é modo de

---

6 *Ibidem.*

viver. Não apenas usa-se a rede, mas vive-se em rede, e somos chamados a viver nesse espaço social como "sal e fermento da terra", como "testemunhas" e "missionários" da vida nova em Cristo. Nesse ambiente, o Agente da Pascom é chamado a estar presente como alguém que não apenas tem uma mensagem a oferecer, mas também alguém que acolhe, recebe e partilha, não como uma pessoa anônima, mas com sua identidade específica e estilo cristão de vida.

3.5 Habitar o ambiente digital

O ambiente digital caracteriza a sociedade contemporânea. Nele amplas faixas da humanidade estão imersas de forma ordinária e contínua. É uma verdadeira praça, um lugar de encontro onde as pessoas passam conectadas boa parte de seu dia. Já não se trata apenas de "usar" instrumentos de comunicação, mas de "viver" numa cultura amplamente digitalizada, com impactos muito profundos sobre a noção de tempo e de espaço, sobre percepção de si, dos outros e do mundo, sobre o modo de comunicar, de entrar em relação com os outros, de aprender e estudar, de trabalhar, de informar-se, de rezar etc.

Por isso, o Agente da Pascom precisa conhecer esse ambiente, habitá-lo e assumi-lo como um espaço social no qual, por meio da interatividade, nascem formas novas na dinâmica de comunicar e de entrar em relação com as pessoas. Portanto, a primeira coisa é a de conhecer esta realidade. *"Uma solícita compreensão desse ambiente é o pré-requisito para uma presença significativa dentro do mesmo"*[7].

---

7 BENTO XVI, *Mensagem para o 47º Dia Mundial das Comunicações Sociais*, 12/05/2013.

No entanto, é indispensável dar-se conta de que o ambiente digital não é uma realidade paralela, como detalharemos no próximo tópico, àquela "físico-presencial" ou puramente virtual, mas é parte da vida cotidiana de muitas pessoas. Em outras palavras, o ambiente digital não se limita à conexão de dispositivos (computador e aparatos eletrônicos) entre si, mas é sobretudo a ativação de relações humanas num espaço em que as pessoas não estão presentes simplesmente como "massa", mas cada uma na sua individualidade, com inúmeras possibilidades de relação e de participação. No ambiente digital o usuário não é um agente passivo, como pode ocorrer, em geral, no que se refere aos meios tradicionais.

Há de se ressaltar o aspecto do protagonismo dos usuários, uma vez que esse dado causa forte impacto no trabalho de evangelização. De fato, os usuários, na rede, não apenas escolhem o percurso da navegação, mas se tornam, em relação aos conteúdos, coautores, mandando água abaixo a distinção clássica entre emissor e receptor, entre produtor e consumidor: hoje o emissor é apenas em parte depositário de um "original" dotado de valor mais ou menos sacro, enquanto o receptor assume funções de autoridade e coautoridade, e de distribuição de materiais mediais que antes eram apanágio dos aparatos de emissão[8].

Enfim, no ambiente digital transitam pessoas com seus desejos infinitos de contato, de consumo, de informação, de partilha da vida, de busca de entretenimento e de diversos conteúdos etc. Carregam consigo suas ne-

---

8 MAFFEIS, Ivan. Aspectos Religiosos, in *Atas do 2º Seminário Internacional dos Editores Paulinos*, Ariccia-Milão, 17 de setembro-2 de outubro 1988, p. 31.

cessidades e preocupações, certezas e dúvidas, expectativas e também frustrações, a bondade e a maldade etc. Assim, com o seu modo de ser, as pessoas estão nas redes à procura de tantas coisas, entre as quais espaços de verdade, de acolhida, de reconhecimento, de paz... e também de Deus. São dados que, associados a tantos outros, nos fornecem ideias e situações concretas para a pastoral específica no campo da comunicação social.

3.6 Vida digital e vida presencial

Na atual vida em sociedade, especialmente no que tange às relações humanas, não existe oposição entre vida digital e vida presencial, física. Não vivemos em dois mundos, mas num só, no qual, para entender a nossa cultura, precisamos integrar a realidade digital à realidade física. Assim se passa também em relação à nossa vida de fé e à evangelização: *"Não deveria haver falta de coerência ou unidade entre a expressão da nossa fé e o nosso testemunho do Evangelho na realidade onde somos chamados a viver, seja ela física ou digital"*[9].

O ambiente digital não é um mundo paralelo ou puramente virtual, mas faz parte da realidade quotidiana de muitas pessoas. As redes sociais são o fruto da interação humana, de pessoas concretas, e dão formas novas às dinâmicas da comunicação que cria relações. Já fizemos referência à imagem da Igreja como um corpo, no qual cada batizado tem a sua importância, entre esses os Agentes da Pascom. Pois bem, a imagem do corpo e dos membros recorda-nos que a presença no ambiente digital é complementar ao encontro em carne e osso,

---

9 BENTO XVI, *Mensagem para o 47º Dia Mundial das Comunicações Sociais*, 12.05.2013.

vivido através do corpo, do coração, dos olhos, da contemplação, da respiração do outro.

A rede nada mais é que a extensão da nossa vida e das nossas relações humanas físicas, presenciais. Ambas se complementam e são importantes na construção da cultura do encontro e no caminho da comunidade. De fato, como afirma Papa Francisco, *"se a rede for usada como prolongamento ou expectação de tal encontro, então não se atraiçoa a si mesma e permanece um recurso para a comunhão. Se uma família utiliza a rede para estar mais conectada, para depois se encontrar à mesa e olhar-se olhos nos olhos, então é um recurso"*[10].

Isso significa que a rede digital convive com o mundo físico, porém, não pode substituir a comunidade eclesial que se dá na presença física. Nesse contexto, ela não pode substituir, por exemplo, a realidade da encarnação dos sacramentos e da liturgia, ou a proclamação imediata e direta do Evangelho, contudo pode completá-las, atraindo as pessoas para uma experiência mais integral da vida de fé e enriquecendo a vida religiosa dos usuários, em certas situações particulares.

Sabemos como a internet é valiosa para o acesso à celebração da Eucaristia de pessoas que, por motivo de saúde ou por outra necessidade grave, não podem se deslocar até a comunidade. Tal aproximação que a rede promove já era também proporcionada pela televisão e pelo rádio. Sobre isso, é ainda viva em nossa memória como o ambiente digital foi importante durante a pandemia de covid-19, para a participação nas celebrações religiosas, como também para os diversos tipos de en-

---

10 FRANCISCO, *Mensagem para o 53º Dia Mundial das Comunicações Sociais*, 02.06.2019.

contros. Foi um ambiente excepcional para manter os contatos e para promover a comunhão. Lembremos da tarde de 27 de março de 2020, quando o Papa Francisco, em plena pandemia, e com a praça de São Pedro vazia, era acompanhado por milhões de pessoas "conectadas" em todo o mundo, que com ele rezaram pela humanidade.

No que se refere à comunidade de fé, a rede oferece também formas de comunicação com grupos específicos – adolescentes e jovens, idosos e pessoas que vivem em regiões remotas e membros de outros organismos religiosos – que, de outra forma, seria difícil de serem alcançados. O Agente da Pascom tem diante de si a tarefa de ajudar a comunidade, por meio de recursos humanos e técnicos, a interligar as realidades, buscando o justo equilíbrio entre os contatos pessoais físicos e o ambiente em rede, entre as tecnologias e os contatos humanos presenciais.

3.7 Construindo a "cultura do encontro"

Seja com a presença física, seja através dos meios de comunicação tradicionais ou no ambiente digital, se impõe o desafio, para nós cristãos, e de modo especial ao Agente da Pascom, de contribuir para a construção da cultura do encontro. O que significa "cultura do encontro", expressão tão repetida pelo Papa Francisco? Em linhas gerais, podemos afirmar que a cultura do encontro se opõe a uma cultura fragmentada e dispersiva, marcada pelo individualismo, pela autossuficiência e pelo narcisismo; ou àquela cultura caracterizada por um conjunto de ideias, comportamentos, crenças, estilos de vida etc., que destrói o ser humano e os seus relacionamentos.

Contrasta com a cultura do encontro a contracultura da exclusão, do preconceito, do descartável e da indiferença. Surge da comunicação praticada a partir da proximidade, onde estão presentes o respeito, o diálogo, a inclusão e a colaboração em vista do bem comum. *"Falar de 'cultura do encontro' significa que nos apaixona, como povo, querer encontrar-nos, procurar pontos de contato, lançar pontes, projetar algo que envolva a todos. Isto tornou-se uma aspiração e um estilo de vida. O sujeito desta cultura é o povo, não um setor da sociedade que tenta manter tranquilo o resto com recursos profissionais e mediáticos"*[11].

A cultura do encontro não é apenas algo a ser difundido através dos instrumentos de comunicação, mas é sobretudo uma realidade para ser posta em prática a partir das nossas relações interpessoais. Nós mesmos devemos, em primeiro lugar, sentir-nos desafiados a dar a nossa contribuição para promover essa cultura a partir dos pequenos gestos diários nas nossas comunidades paroquiais.

Não é fácil, num tempo marcado por polarizações, trabalhar pela cultura do encontro. Podem aparecer muitas dificuldades pelo caminho. Aliás, às vezes, tentamos resolver os problemas afrontando as consequências, e não indo diretamente às suas causas. Em outras palavras, esquecemos que a raiz de certas dificuldades, também no âmbito pastoral, frequentemente está na falta de uma comunicação interpessoal de qualidade, que inclui a abertura, a escuta, o diálogo. É urgente o esforço de todos para comunicarmos bem, isto é, para adotar comportamentos que nos ajudem a ser

---
11 FRANCISCO, *Fratelli Tutti*, nº 21.

mais próximos, conhecer-nos melhor uns aos outros e estar mais unidos.

O Papa Francisco vem insistindo repetidamente que a cultura do encontro deve estar no coração da missão da Igreja. Podemos dizer que tem de estar também muito presente no coração do Agente da Pascom, que encontra na comunicação o aspecto central da sua pastoral. Daí a insistência para que compreendamos a pastoral da comunicação não como uma pastoral voltada exclusivamente à missão de transmitir informações e conteúdos religiosos no ambiente digital e pelos meios técnicos de comunicação tradicionais. Também isso! Mas vai além. Todo Agente da Pascom é chamado a trabalhar pela comunhão, a ser um importante articulador da cultura do encontro, a partir da sua comunidade, nas paróquias, na sua Diocese.

4. O olhar crítico sobre a cultura da comunicação

Os meios de comunicação impressos, eletrônicos e digitais modelam profundamente o ambiente cultural, e não podem ser desassociados dos interesses do mercado. Nesse contexto, crescem o poder e a influência das tecnologias da comunicação no cotidiano das pessoas, ainda mais com o aperfeiçoamento da "inteligência artificial". Urge vislumbrar essa realidade fascinante, porém, com atenção e com o olhar crítico para não deixar que o "humano" seja sufocado em sua própria essência. Ser crítico não significa ser contra o progresso, mas supõe colocar-se numa postura de inconformismo frente a certas "armadilhas" criadas por essa cultura, quando colocam em risco a vida, o respeito, a liberdade, a dignidade e o próprio valor da pessoa humana.

4.1 Ricos em técnica e pobres em humanidade

Temos o privilégio de viver num período histórico em que podemos desfrutar das maravilhosas técnicas da comunicação, proporcionadas pelas tecnologias digitais. Mas não é por isso que devemos nos omitir de ter olhos críticos frente a essa realidade. Por isso, nada resolve ser contra ou a favor das tecnologias. Elas estão aí. Nem basta simplesmente "usar" tais recursos. É preciso também "pensar" a técnica.

Sem dúvidas, as tecnologias, em geral, em todas as áreas da ação humana, deram remédio a inúmeros males que afligiam e limitavam o ser humano. O homem sempre esteve associado à técnica, desde que descobriu que ela permite dominar a matéria, reduzir os riscos, poupar fadigas, melhorar as condições de vida e encontrar resposta à própria vocação do trabalho humano: na técnica, considerada como obra do gênio pessoal, o homem reconhece-se a si mesmo e realiza a própria humanidade[1].

No que se refere ao campo da comunicação, as tecnologias são um grande recurso para criar pontes, favorecer o encontro e a inclusão. Sobre isso, o Papa João Paulo II, já nos inícios da revolução digital, exortava a Igreja a não ter medo daquilo que era conhecido como "novas tecnologias"[2], quando o mundo sentia fortemente o progresso da tecnologia digital. De fato, nas últimas décadas, a comunicação tem se tornado ainda mais dinâmica e, em algumas circunstâncias, mais eficaz também para a evangelização, no que se refere à comunicação a distância.

Por outro lado, o rápido progresso dessas tecnologias da comunicação, com o consequente crescimento mercadológico dos produtos ligados a esse âmbito, tem contribuído de tal forma para a hegemonia da técnica que podemos afirmar que, neste tempo em que vivemos, corre-se o risco de ser rico em técnica e pobre em humanidade[3]. De fato, não obstante o desenvolvimento

---

1 Cf. BENTO XVI, *Caritas in Veritate*, nº 69.
2 Cf. JOÃO PAULO II, *Rápido Desenvolvimento*, nº 14.
3 Cf. FRANCISCO, *Mensagem para o 58º Dia Mundial das Comunicações Sociais*, 12.05.2024.

dos meios de comunicação, especialmente no campo digital, a qualidade nas relações humanas não tem melhorado e continua a ser um desafio, indicando que as novas tecnologias não bastam por si mesmas. O acesso às novidades no campo da comunicação não tem assegurado uma comunicação mais humana.

O próprio Papa Francisco tem criticado esse modelo chamado de "tecnocrático" e justifica o porquê: *"minha crítica ao paradigma tecnocrático não significa que só procurando controlar os seus excessos é que poderemos estar seguros, já que o perigo maior não está nas coisas, nas realidades materiais, nas organizações, mas no modo como as pessoas se servem delas. A questão é a fragilidade humana, a tendência humana constante para o egoísmo, que faz parte daquilo que a tradição cristã chama 'concupiscência': a inclinação do ser humano a fechar-se na imanência do próprio eu, do seu grupo, dos seus interesses mesquinhos"*[4].

O problema não está na técnica em si, mas na forma como o ser humano a utiliza. É verdade que a técnica seduz intensamente o homem, porque o livra das limitações físicas e alarga o seu horizonte, como já afirmamos, mas *"a liberdade humana só o é propriamente quando responde à sedução da técnica com decisões que sejam fruto de responsabilidade moral. Daqui, a urgência de uma formação para a responsabilidade ética no uso da técnica"*[5].

Isso significa que "não é a tecnologia que determina se a comunicação é autêntica ou não, mas o coração do homem e a sua capacidade de fazer bom uso dos meios

---

4 FRANCISCO, *Fratelli Tutti*, nº 166.
5 BENTO XVI, *Caritas in Veritate*, nº 70.

ao seu dispor"[6]. Chega o momento em que é necessário parar para pensar seriamente o que está se passando com a nossa comunicação, de como estamos utilizando os recursos tecnológicos, que novas gerações estamos projetando para o futuro.

O Agente da Pascom, na sua atividade pastoral, também tem o compromisso de ajudar a despertar nas comunidades o senso crítico diante da realidade tecnológica, ou seja, ajudar seus membros não só a "usar" as tecnologias, mas também "pensá-las", com senso crítico. Ajudá-los a entender que *"somente dotando-nos dum olhar espiritual, apenas recuperando uma sabedoria do coração é que poderemos ler e interpretar a novidade do nosso tempo e descobrir o caminho para uma comunicação plenamente humana"*[7].

4.2 Inteligência artificial

A Igreja reconhece que, quando os seres humanos, recorrendo à técnica, buscam que a terra se torne um lugar adequado para toda a humanidade, agem de acordo com o desígnio divino e cooperam com a vontade que Deus tem de levar à perfeição a criação e difundir a paz entre os povos[8]. Nesse âmbito entram as tecnologias digitais, com as profundas transformações que estão provocando na sociedade.

Na onda desse progresso está o que se denomina "inteligência artificial". Refere-se aos recursos e máquinas

---

6 FRANCISCO, *Mensagem para o 50º Dia Mundial das Comunicações Sociais*, 08.05.2016.

7 FRANCISCO, *Mensagem para o 58º Dia Mundial das Comunicações Sociais*, 12.05.2024.

8 Cf. CONCÍLIO VATICANO II, *Gaudium et Spes*, nº 57.

"que trabalham e tomam decisões por nós, que podem aprender e prever nossos comportamentos; de sensores na nossa pele, capazes de medir nossas emoções; de máquinas que respondem às nossas perguntas e aprendem com nossas respostas, ou que usam os registros da ironia e falam com a voz e as expressões das pessoas que não estão mais conosco"[9].

Baseada em técnicas de aprendizagem automática, a inteligência artificial não é totalmente uma novidade. Já vem sendo usada, faz algum tempo, em diversos setores da vida cotidiana. Já estava presente nas buscas do Google, nas aplicações da navegação, no Siri, na Alexa, na produção de veículos, na conversão de voz para texto, nas redes sociais, nos videojogos, no reconhecimento facial, nos filtros de *spam*, nos programas antivírus, nas intervenções médicas assistidas, e em muitas outras realidades. No campo da comunicação, a inteligência artificial tem atuado especialmente na geração de textos, imagens e conteúdos audiovisuais, no Chat GPT etc.

A inteligência artificial nada mais é do que produto do potencial criativo do ser humano, e também nesse âmbito é necessário o senso crítico. Ninguém duvida que as máquinas têm uma capacidade imensamente maior que os seres humanos de memorizar os dados e relacioná-los entre si e de fazer outras coisas fabulosas. Mas o fazem de acordo com o modo que foram programadas pelo ser humano. São inúmeras as atividades que podem ser exercidas pela inteligência artificial, porém, compete somente ao ser humano descodificar o seu sentido.

Há um desejo imenso, da parte dos afeiçoados à inteligência artificial, de que as máquinas pareçam, cada

---

9 DICASTÉRIO PARA A COMUNICAÇÃO, *Rumo à presença plena*, nº 8.

vez mais, humanas. E é aqui que está uma questão importante, que é necessário refletir. Não se trata de questionar o progresso técnico, mas o desejo de onipotência presente no ser humano, de quem acredita ser autônomo e autorreferencial, separado de toda a ligação social e esquecido da sua condição de criatura[10]. Ainda conhecemos pouco sobre a inteligência artificial e suas reais consequências. Cabe a nós questionarmos sobre o progresso teórico e a utilização prática destes novos instrumentos de comunicação e conhecimento. Uma máquina, por mais avançada que seja, e por mais que nos auxilie em certas circunstâncias, não pode conhecer o coração das pessoas. A inteligência artificial não pode substituir a mensagem contida no Evangelho, a relação pessoal com Deus e a fé.

É necessário ponderar que o uso da inteligência artificial é sempre acompanhado pelo risco de reduzir as pessoas a dados, a colocá-las prisioneiras do lucro, a transformá-las num dado estatístico, além da possibilidade de manipulação[11]. Entra nesse universo, só para citar como exemplo, a "deep fake", ou seja, a criação e divulgação de imagens que parecem corresponder à realidade, mas são falsas. Enquadram-se nessa categoria vídeos que reproduzem, de forma idêntica, a imagem e a voz de uma pessoa, de modo a tornar-se difícil, dependendo do grau de perfeição, distinguir a cópia do original.

A inteligência artificial se alimenta do acervo produzido pela inteligência humana, presente no ambiente

---

10 Cf. FRANCISCO, *Mensagem para o 58º Dia Mundial das Comunicações Sociais*, 12.05.2024.

11 *Ibidem*.

digital. E nesse ambiente temos de tudo, também mentiras e consequentemente desinformação, assim como discursos de ódio e manipulação de dados. Por isso, é preciso, ao Agente da Pascom, olhar a inteligência artificial com olhos críticos, aprofundando e problematizando essa realidade a partir da ética cristã.

4.3 A supremacia do mercado

Os meios de comunicação social tradicionais, o ambiente digital e a própria inteligência artificial, elementos que formam a cultura, não podem ser dissociados do mercado. De fato, a economia coincide com a cultura. Tudo, inclusive a produção de mercadorias e a alta especulação financeira, é cultural enquanto a cultura tornou-se profundamente econômica, orientada para a produção de mercadorias[12], entre as quais estão também os produtos tecnológicos e outros derivados na área da informação e da comunicação.

O mercado assumiu tal relevância em nossa sociedade a ponto de atrair tudo para a sua órbita, confirmando que *"a aliança entre economia e tecnologia acaba por deixar de fora tudo o que não faz parte dos seus interesses imediatos"*[13]. Hoje, compra-se e vende-se de tudo, desde objetos materiais a conquistas espirituais e até sonhos. Parece não haver salvação fora da lógica do mercado e do lucro. O mercado se firmou como o grande ídolo da atualidade; um "deus" com características humanas.

É comum ouvir expressões como: "o mercado se alegrou com a queda da inflação"; "reagiu com satisfação

---

12 JAMESON, Fredric. *A cultura do dinheiro. Ensaios sobre a globalização*. 2ª ed. Petrópolis : Vozes. 2001. p. 73

13 FRANCISCO, *Laudato Si*, nº 54.

diante da queda da taxa de juros"; "se enfureceu frente à crise política"; "se irritou após o pronunciamento do Ministro da Economia" etc. Por trás dos atributos humanos se escondem os interesses do mercado. Mas quem é esse tal de mercado que reage, se enfurece, se alegra, se irrita? Ao entender o "mercado" a partir das características humanas que lhe são atribuídas, damo-nos conta de que ele não passa de uma humanidade vazia, de um "alguém" que simplesmente busca os seus interesses. A partir dessa perspectiva, tudo se transforma num jogo, no qual leva vantagem quem mais promete, quem mais seduz, quem é mais forte. O mercado envolve o cotidiano das pessoas e está pouco ligando se estas são servidas ou não, se suas vidas correm riscos ou se estão salvas. A esse respeito, o Papa Francisco tem insistido que é preciso transformar uma economia que mata em uma economia da vida, que respeita a vida em todos os sentidos, tanto a vida humana como o meio ambiente.

Sabemos que é impossível viver numa sociedade sem trocas. O ser humano necessita trabalhar e consumir, especialmente os produtos de subsistência, tais como comida, roupas, remédios e outros elementos básicos, imprescindíveis para a sobrevivência material e também para a sua formação cultural, intelectual, espiritual e psicológica. Obviamente, o mercado, enquanto sistema de intercâmbio de mercadorias e de bens simbólicos, faz parte do mundo das relações humanas e é questão de sobrevivência.

Porém, quando o mercado deixa de estar a serviço da pessoa humana para ser um fim em si mesmo, torna-se um grande perigo. Pior ainda, quando a mercadoria é colocada como valor supremo em detrimento do valor da pessoa humana, a situação torna-se preocupante. Qual a consequência? *"O grande risco do mundo atual, com sua múltipla e avassaladora oferta de consumo, é uma tristeza individualista que brota do coração comodista e mesquinho, da busca desordenada de prazeres superficiais, da consciência isolada"*[14], que destrói o meio ambiente, que gera marginalidade e exclusão.

Como já afirmamos, as tecnologias estão ligadas às finanças. Por isso não é possível falar de "redes sociais" sem considerar que seus usuários também são consumidores, sem conceber seu valor comercial. No ambiente digital, *"os indivíduos são tanto consumidores como produtos: como consumidores, recebem publicidades baseadas em dados e conteúdos patrocinados sob medida, como produtos, seus perfis e dados são vendidos a outras empresas, tendo em mente o mesmo objetivo"*[15]. Esta realidade não pode ser ignorada pelos que atuam na pastoral da comunicação.

4.4 O ritmo do espetáculo e as aparências

Vinculada ao mundo da comunicação e ao mercado, está a cultura do espetáculo. O que entendemos, aqui, por espetáculo? Entendemos o ambiente cultural no qual, favorecido pelas mídias, predomina o entretenimento. Quando os meios de comunicação social *"se submetem ao sistema econômico e comercial ou ao sistema político-ideológico, privilegiam-se o espetáculo e o entretenimento; o sensacionalismo e a manipulação. O conceito de verdade é comprometido, impondo-se um*

---

14 FRANCISCO, *Evangelii Gaudium*, n° 2.
15 Cf. DICASTÉRIO PARA A COMUNICAÇÃO, *Rumo à Presença Plena*, n° 13.

conjunto de ideias, normas e valores que determinam um modo coletivo de pensar e agir que reduz a comunicação midiática à lógica do mercado ou à lógica do poder, do domínio e do controle"[16]. Jornais, revistas, programas de rádio e de televisão, filmes, publicidade, internet, na verdade são produtos de corporações industriais e comerciais que buscam lucros e atuam na lógica do mercado com o objetivo de oferecer mercadorias ao consumidor de maneira fácil e prazerosa. O entretenimento em si não é negativo. Todos nós necessitamos distender-nos e relaxar para suportar a dureza do trabalho e dos compromissos de cada dia. O problema é quando o entretenimento passa a ser um fim em si mesmo, em vista do lucro.

O ritmo do espetáculo influencia tudo o que acontece na sociedade, a começar pelos produtos das mídias impressas, eletrônicas e digitais, por exemplo, os telejornais, os programas de entrevista e de auditório, os documentários, as revistas e os jornais (impressos e digitais), os *realities shows*, o rádio, mas também a política, a educação, as artes, a publicidade e, em certos casos, até a religião, como veremos.

Na cultura do espetáculo, um dos elementos predominantes é a imagem reproduzida tecnicamente. Nossa cultura é marcada por uma "inflação de imagens" em que elas se modificam, se sobrepõem, se anulam, se transformam e, acima de tudo, se reproduzem. A nossa cultura, cada vez mais, reproduz representações sobre ela mesma. Todos os dias, sem cessar, somos treinados pela indústria do entretenimento a conviver com as imagens, com uma intensidade sem precedentes na história.

---

16 CNBB, *Diretório de Comunicação...*, op. cit., nº 30.

São imagens que refletem o mundo como é e produzem outras realidades totalmente artificiais.

É a era da imagem visual, de modo particular, que está destronando outras como a táctil e a sonora[17]. Para Teixeira Coelho, hoje predomina *"uma espécie de evaporação, se não das imagens em si, pelo menos de seu sentido – como numa panela com água que vai fervendo, aumentando a agitação das moléculas até que a água simplesmente desmancha no ar"*[18].

A raiz do espetáculo se fundamenta no terreno da economia que transforma tudo em imagem e aparência. Depois de o capitalismo ter feito a passagem na definição do ser humano do "ser" para o "ter", passou para o nível do "ter" para o "aparecer" e, deste, para o "parecer".

Tal sociedade construída na ótica do mercado e do espetáculo é geradora de realidades materiais e simbólicas que interferem de alguma maneira no estilo de vida das pessoas. Com a sua reprodução contínua de imagens, o ser humano, em certas circunstâncias, chega ao ponto de preferir a imagem à coisa, a cópia ao original, a representação à realidade, a aparência ao ser. Neste contexto do mercado, antes de um produto ser consumido, é consumida a sua imagem.

Nesse sentido, *"a Igreja tem que estar sempre vigilante para não cair na lógica do espetáculo, que transforma tudo em puro entretenimento. O seu compromisso é com o Evangelho de Jesus e em manter acesa a profecia, no seu trabalho em favor da paz, da justiça, da digni-*

---

17 COELHO, Teixeira. *O imaginário da morte* in NOVAES, Adauto (org.). *Rede imaginária:* televisão e democracia. 2. ed. São Paulo: Companhia das Letras, 1999. p. 112.

18 *Ibidem,* p. 112.

dade humana, da superação da pobreza, da proteção do meio ambiente e de tudo o que contribui para a valorização e promoção da vida. Por isso, "quanto mais aumenta a dependência da comunicação social ao sistema econômico, tanto mais resulta necessário introduzir rigorosos critérios éticos"[19].

---

19 CNBB, *A comunicação na vida e missão da Igreja no Brasil*, n° 8.

5. A comunicação, nos passos de Jesus

O cristão encontra em Jesus o comunicador perfeito, a primeira referência na sua atividade pastoral. Jesus, na perspectiva da Trindade, é o modelo da comunicação humana que gera proximidade e interação. O Agente da Pascom é chamado a ter um estilo de vida inspirado n'Ele, de modo especial, na sua comunicação profundamente humana, e a colocá-la em prática, seja na comunicação presencial-física, seja na comunicação com os instrumentos técnicos tradicionais ou no ambiente digital. Por isso, voltar aos evangelhos, observar atentamente as palavras e as ações de Jesus nos ajuda a encontrar os caminhos que nos levam a ser verdadeiros artesãos de comunhão e a contribuir para a construção da cultura do encontro.

5.1 O comunicador perfeito

A Trindade é o paradigma para a comunicação humana e fundamenta o mistério da comunhão. Sua forma de ser e de existir é "comunicação" de três pessoas – Pai, Filho e Espírito Santo – que vivem em comunhão, no amor. *"A Trindade é unidade e ao mesmo tempo missão: quanto mais intenso é o amor, tanto mais vigoroso é o impulso a infundir-se, a dilatar-se, a comunicar-se"*[1].

---
1 BENTO XVI, *Homilia* 18.05.2008.

Jesus é o rosto humano da Trindade. Ele a revela e a comunica na encarnação, por meio de suas palavras e ações, a ponto de podermos dizer: *"Ninguém jamais falou como esse homem"* (Jo 7,46). Na sua missão redentora e libertadora mostra que somos todos amados por Deus e, por sua vez, se espera que todos lhe correspondam no amor, tanto no relacionamento com Ele como nas relações com os irmãos: *"Se vocês tiverem amor uns aos outros",* disse Jesus aos seus discípulos, *"todos vão reconhecer que vocês são meus discípulos"* (Jo 13,35).

A abertura ao amor testemunhado por Jesus, até à sua entrega na cruz, é um caminho imprescindível para libertar-nos do isolamento e da autorreferencialidade. Somente deixando-nos guiar por seu amor é possível romper as atitudes individualistas, mercantilistas e narcisistas que, associadas a muitos outros comportamentos destrutivos, impedem a comunicação de qualidade que leva à construção de boas relações e à concretização do encontro.

Toda a vida de Jesus era "relação": com o Pai, com o Espírito Santo, consigo mesmo, com seus discípulos, com as pessoas que encontrava pelo caminho, especialmente com os marginalizados e os sofredores. Com seus gestos concretos de comunicação, na escuta e na abertura aos demais, expressava acolhida, respeito, misericórdia e compaixão.

"Não só as palavras de Jesus, mas também as suas obras, especialmente os seus milagres, eram atos de comunicação, que indicavam a sua identidade e manifestavam o poder de Deus. Nas suas comunicações, demonstrava respeito pelos seus ouvintes, simpatia pela sua condição e necessidades, compaixão pelos seus so-

frimentos, e determinação decidida em dizer-lhes o que eles precisavam de ouvir, de maneira a chamar a sua atenção e a ajudá-los a receber a sua mensagem, sem coerção e compromisso, sem decepção e manipulação. Ele convidava os outros a abrirem-lhe a própria mente e o coração, consciente de que este era o modo de os atrair a Ele e ao seu Pai"[2].

A comunicação de Jesus criava "proximidade" e se dava com todos: crianças, jovens, homens e mulheres, judeus e pagãos, autoridades e pessoas marginalizadas. Falava às pessoas individualmente, a pequenos grupos e às multidões. Nem sempre dava respostas prontas ou fórmulas universais para os dilemas que encontrava pela frente. Antes, fazia seus discípulos e os seus interlocutores pensarem e questionava os comportamentos que não correspondiam com a proposta do Reino.

Jesus preocupava-se com a meta principal da comunicação que é produzir comunhão entre as pessoas e com Deus, por meio de suas obras, movidas pelo amor, que atraíam a todos e geravam vida. O maior testemunho foi a sua entrega na cruz para a salvação da humanidade. A cruz é comunicação de amor, de entrega, de sacrifício e de vitória. O agente da Pascom é chamado também a ser um comunicador, como Jesus, a dar o seu testemunho pessoal do Evangelho nas relações diretas com as pessoas, por meio das mídias impressas e eletrônicas, nas estradas digitais. Jamais deve se esquecer de que a comunicação humana autêntica tem Jesus como referência maior.

---

2 DICASTÉRIO PARA A COMUNICAÇÃO, *Ética nas Comunicações Sociais*, nº 32, 04.06.2000.

5.2 O estilo cristão nas redes digitais

Não basta ao Agente da Pascom ou ao comunicador cristão utilizar os meios de comunicação social ou habitar o ambiente digital, difundindo conteúdos e informações. É preciso levar para todos os ambientes um estilo cristão de comunicação. O que significa estar na cultura da comunicação com um estilo cristão? Tal pergunta nos coloca na esfera do "testemunho" que se dá, sobretudo nos relacionamentos humanos. Como são nossas relações? O que nos identifica como cristãos, especialmente no mundo digital? Damos espaço à escuta e ao diálogo? Quais são nossas atitudes, palavras, imagens e símbolos que divulgamos nas redes digitais? Expressam os valores cristãos?

De fato, a esse respeito, o Papa Bento XVI chegou a afirmar[3] que *"existe um estilo cristão de presença também no mundo digital, que se traduz numa forma de comunicação honesta e aberta, responsável e respeitadora do outro"*. E disse também que *"não basta só inserir conteúdos declaradamente religiosos nas plataformas dos diversos meios de comunicação, mas é preciso também testemunhar com coerência, no próprio perfil digital e no modo de comunicar, escolhas, preferências, juízos que sejam profundamente coerentes com o Evangelho, mesmo quando não se fala explicitamente dele"*[4].

É importante divulgar conteúdos religiosos, mas, como cristãos, deveríamos ser reconhecidos também como pessoas que escutam, que discernem antes de agir, que tratam o interlocutor com respeito, que respon-

---
3 BENTO XVI, *45º Dia Mundial das Comunicações Sociais*, 5 de junho de 2011.
4 *Ibidem.*

dem com uma pergunta em vez de fazer um julgamento, que têm a sabedoria de permanecer em silêncio em vez de suscitar controvérsias que dividem, que sejam pessoas *"rápidas para ouvir e tardas para falar, lentas na ira"* (Tg 1,19). O estilo cristão nas redes digitais leva a testemunhar a vida que nos foi concedida em Cristo.

Viver um estilo cristão nas redes digitais significa esforçar-nos por criar uma comunicação mais cristã e mais humana, uma vez que no ambiente digital está o "outro". E quem, de fato, é o outro? Na visão mercantilista e para os meios de comunicação social, em geral, como também para as empresas que desenvolvem as plataformas no ambiente digital, o outro, como já tratamos, é o consumidor. É aquele que consome os produtos das mídias e tudo o que gera lucro para as empresas. O outro, nas páginas da internet, especialmente nas redes sociais, é aquele que navega, visita, procura, posta fotografias e mensagens, reúne seguidores ao seu redor, tem acesso às informações e conteúdos, satisfaz a necessidade de ser reconhecido ou, pelo menos, de ser percebido.

O outro para o cristão é alguém que ele valoriza como pessoa, relaciona-se com ele sem interesses, cria proximidade, compartilha a vida, ajuda-o no caminho, quer o seu bem. Sobretudo escuta-o com os "ouvidos do coração" e fala com ele, com amor. Aliás, o amor, por sua natureza, é comunicação, que leva a pessoa a abrir-se e não a isolar-se. De fato, se cada cristão conseguir fazer com que o seu coração e os seus gestos sejam animados pela caridade, pelo amor divino, a sua comunicação se tornará portadora da força de Deus[5].

---

5 FRANCISCO, *Mensagem para o 50º Dia Mundial das Comunicações Sociais*, 08.05.2016.

O Agente da Pascom é chamado a percorrer por essa direção: estar na cultura da comunicação com um estilo cristão que favoreça uma comunicação que favorece a partilha, a evangelização em sinergia e a comunhão.

5.3 A parábola do comunicador

Dentre os ensinamentos de Jesus que encontramos nos evangelhos está a parábola do Bom Samaritano (Lc 10,25-37) que, segundo o Papa Francisco, é também a parábola do comunicador[6]. Por quê? Porque quem se comunica se faz próximo, como acontece com o homem da parábola que ajuda o ferido que estava caído, na estrada. Quem se comunica entra numa relação e se faz próximo, e a proximidade é o objetivo principal da comunicação.

Mas, como se manifesta a "proximidade" no uso dos meios de comunicação e no ambiente criado pelas tecnologias digitais? No caso da parábola, o bom samaritano não só se faz próximo, mas cuida do homem que encontra quase morto ao lado da estrada. Jesus inverte a perspectiva: não se trata de reconhecer o outro como um meu semelhante, mas da minha capacidade para me fazer semelhante ao outro. No âmbito da comunicação, significa tomar consciência de que somos humanos, filhos de Deus[7], e, como irmãos, somos chamados a ser próximos uns dos outros.

Quando a comunicação tem somente a finalidade de induzir as pessoas ao consumo ou à manipulação, encontramo-nos perante uma agressão violenta como a que sofreu o homem espancado pelos assaltantes e

---

6 *Ibidem.*
7 Cf. *Ibidem.*

abandonado na estrada, como lemos na parábola. *"Naquele homem, o levita e o sacerdote não veem um seu próximo, mas um estranho de quem era melhor manter a distância. Naquele tempo, eram condicionados pelas regras da pureza ritual. Hoje, corremos o risco de que alguns mass-media nos condicionem até ao ponto de fazer-nos ignorar o nosso próximo real"*[8].

O mesmo pode se passar no ambiente digital, no qual habitam pessoas com suas alegrias e tristezas, suas esperanças e angústias. Não basta circular pelas "estradas" digitais, isto é, estar simplesmente conectados. É necessário que a conexão seja acompanhada pelo encontro verdadeiro. Todos nós podemos apenas estar percorrendo as estradas digitais ou podemos fazer algo a mais, como o samaritano, percebendo as necessidades das pessoas que ali circulam, permitindo que as conexões evoluam em verdadeiros encontros[9].

Diariamente, circulamos pela internet ao lado de amigos e de pessoas completamente desconhecidas. É preciso sensibilidade para perceber os feridos à margem do caminho digital: os que esperam uma palavra de coragem e de esperança, os que necessitam de alguém para escutar suas interrogações e angústias. Esses feridos podem ser outras pessoas, outras vezes, somos nós mesmos que estamos em busca de algo que satisfaça a nossa sede de sentido.

Nesse ambiente, somos chamados a abraçar a todos, a levar calor, a inflamar os corações e a testemunhar

---

8 FRANCISCO, *Mensagem para o 48° Dia Mundial das Comunicações Sociais*, 01.06.2014.

9 Cf. DICASTÉRIO PARA A COMUNICAÇÃO, *Rumo à presença plena*, n° 52.

uma Igreja que é a casa de todos. Seremos nós capazes de comunicar o rosto duma Igreja assim? Nesse sentido, a comunicação concorre para dar forma à vocação missionária de toda a Igreja, e as redes sociais são, hoje, um dos lugares onde viver essa vocação de redescobrir a beleza da fé, a beleza do encontro com Cristo[10].

Portanto, todos nós deveríamos prestar atenção para não cairmos nas armadilhas digitais escondidas em conteúdos intencionalmente concebidos para semear conflitos, causando indignação ou reações emocionais e não tanto para gerar proximidade entre os usuários. *"Então, o que significa 'curar' as feridas nas redes sociais? Como podemos 'atar' uma divisão? Como podemos construir ambientes eclesiais capazes de aceitar e integrar as 'periferias geográficas e existenciais' das culturas de hoje? Perguntas como estas são essenciais para discernir nossa presença cristã nas estradas digitais"*[11].

5.4 Os influenciadores digitais cristãos

Como pessoas humanas, somos feitos de afetos e relações, e as redes sociais colaboram para que as nossas buscas se tornem reais. Estas, porém, tanto podem estar a serviço da aproximação como da divisão, como esclarece o Papa Francisco: *"as redes sociais são capazes de favorecer as relações e promover o bem da sociedade, mas podem também levar a uma maior polarização e divisão entre as pessoas e os grupos. O ambiente digital é uma praça, um lugar de encontro, onde é possível aca-*

---

10 FRANCISCO, *Mensagem para o 48° Dia Mundial das Comunicações Sociais*, 01.06.2014.

11 DICASTÉRIO PARA A COMUNICAÇÃO, *Rumo à presença plena*, n° 53.

riciar ou ferir, realizar uma discussão proveitosa ou um linchamento moral"[12].

Numa sociedade que preza pela liberdade de expressão, qualquer cidadão pode se expor nas redes sociais. Nessa perspectiva, tem aumentado, cada vez mais, o fenômeno dos influenciadores digitais, que conquistam visibilidade nas redes sociais, às vezes, com um papel de liderança moral, espiritual e também ideológica, atraindo milhares ou milhões de simpatizantes. Entre essas pessoas estão os influenciadores católicos, que podem adquirir uma expressiva influência social e eclesial.

É óbvio que "influenciador" não é apenas aquele que tem um grande número de seguidores, uma vez que cada pessoa na rede, de certa forma, é um influenciador. Qualquer cristão que está nas redes digitais é um influenciador potencial, seja qual for o número de seguidores que tiver. Porém, é preciso reconhecer que a responsabilidade do influenciador cresce à medida que aumenta o número de seguidores[13]. Neste caso, exige-se do influenciador preparação, por exemplo, teológica e pastoral.

Nesse âmbito, há influenciadores que são verdadeiros "gurus digitais" e que buscam aumentar cada vez mais seu nível de influência sobre a vida de seus seguidores. Para isso, recorrem a estratégias como a criação de conteúdos que atraem engajamento, colaborações com outros influenciadores e até a criação de marcas, promoções de produtos e eventos relacionados ao mer-

---
12 FRANCISCO, *Mensagem para o 50º Dia Mundial das Comunicações Sociais*, 08.05.2016.
13 Cf. DICASTÉRIO PARA A COMUNICAÇÃO, *Rumo à presença plena*, nº 74.

cado religioso etc.[14]. Muitas vezes, há o interesse econômico, por trás, graças à monetarização que se intensifica à medida que cresce o número de seguidores.

Obviamente, há influenciadores cristãos que se mantêm na linha da comunhão, mesmo com suas diferenças, e se deixam iluminar pelo Evangelho. D'outra parte, há influenciadores que não só conquistam a confiança de seus seguidores, mas se aproveitam da dependência emocional-espiritual que criam, e se impõem como autoridades religiosas midiáticas, a ponto de desacreditar as autoridades constituídas da Igreja.

Esses influenciadores, que se dizem católicos, têm feito "barulho", não pelo fato de expressarem suas opiniões, mas por usarem de tal liberdade para criar polêmicas ou dividir a comunidade cristã. *"O problema da comunicação polêmica, superficial e, portanto, divisiva, é particularmente preocupante quando provém da liderança da Igreja: bispos, pastores e líderes leigos eminentes. Eles não só causam divisão na comunidade, mas também dão autorização e legitimidade a fim de que inclusive outros promovam um tipo semelhante de comunicação"*[15].

Diante desse quadro preocupante, é preciso ver até que ponto o testemunho cristão, inspirado no Evangelho, está presente naqueles que se apresentam nas redes com a identidade cristã e católica. Sobre isso, o Papa Francisco adverte: *"Ideologias eclesiásticas, não; vocação eclesial, sim. No centro, deve estar o Senhor, e não as nossas ideias ou os nossos projetos. Recomecemos de*

---

14 Cf. VVAA, *Influenciadores digitais católicos. Efeitos e perspectivas.* Editora Ideias e Letras/Paulus: São Paulo, 2024. p. 22.

15 DICASTÉRIO PARA A COMUNICAÇÃO, *Rumo à presença plena*, nº 75.

Deus, procuremos n'Ele a coragem de não nos determos perante as dificuldades, a força para superar os obstáculos, a alegria de viver na comunhão e na concórdia"[16].

5.5 A tentação do estrelismo

Entre as características do ambiente digital está o fato de que este facilita, como nunca, iniciativas individuais, favorecendo oportunidades de cada pessoa se expressar por meio de opiniões e de conteúdos nas diversas linguagens da comunicação. Porém há riscos, para o cristão, quando essas atividades são exercidas de maneira arbitrária e individualista, sem ter uma meta clara e a visão geral da comunidade eclesial[17].

Analisando nessa óptica os influenciadores cristãos, de modo especial os católicos, de que adianta ser um grande influenciador se esse deixa de falar e de escutar com o coração, como se espera de quem busca ter Jesus como o centro de sua vida? Não basta alcançar e atrair as pessoas por encantamento. É preciso estar nas redes com responsabilidade, principalmente se se apresenta com a identidade cristã. Nesse caso, tem que ter a consciência de que o cristão não comunica como "indivíduo" isolado, mas como membro de uma comunidade.

Tal influenciador tem de estar ciente de que *pôr* de lado nossa própria agenda e a confirmação das nossas próprias habilidades e competências, para descobrir que cada um de nós – com todos os nossos talentos e fraquezas – faz parte de um grupo é uma dádiva que nos habilita a colaborar *como "membros uns dos outros"*. Isso significa que somos chamados a dar testemunho de

---

[16] FRANCISCO, Homilia 06.01.2024.
[17] DICASTÉRIO PARA A COMUNICAÇÃO, *Rumo à presença plena*, nº 67.

um estilo de comunicação que promove nossa pertença uns aos outros e revitaliza as relações, que permitem aos membros de um corpo, que é a Igreja, agir em sinergia.

É lamentável quando nos deparamos com membros de comunidades cristãs *"que pensam que a sua grandeza está na imposição das suas ideologias aos outros, ou na defesa violenta da verdade, ou em grandes demonstrações de força. Todos nós, crentes, devemos reconhecer isto: em primeiro lugar está o amor, o amor nunca deve ser colocado em risco, o maior perigo é não amar (cf. 1 Cor 13, 1-13)"*[18].

Pior ainda é quando o "influenciador" se apresenta como um representante da comunidade cristã ou como um evangelizador, mas exalta mais a sua pessoa do que aquele que ele, como "pregador", é chamado a anunciar: Jesus Cristo. Entra na lógica do espetáculo colocando-se, sem escrúpulos, no centro das atenções, parecendo ter a pretensão de ser um "magistério paralelo", causando confusão e divisão nas comunidades, por meio de posições polêmicas.

No caminho a seguir, para superar as rupturas, podemos nos inspirar na antiga expressão dos padres da Igreja: *mysterium lunae* (mistério da lua!). Como cristãos e, no âmbito da fé, não temos luz própria. O sol é Jesus. Seus discípulos são chamados a ser lua, ou seja, são chamados a ser reflexos no mundo do sol que é Cristo. A missão da Igreja é fazer resplandecer a luz de Cristo no mundo. Além disso, a luminosidade dos discípulos de Jesus não deve derivar de truques ou efeitos especiais, mas de se fazerem próximos, com amor, com respeito e ternura, de quem encontramos pelas estradas da vida.

---

18 FRANCISCO, *Fratelli Tutti*, nº 92.

Por isso, não podemos nos esquecer da oração, de pedir que o Espírito Santo nos guie, que evitemos ser vedetes digitais no mundo do espetáculo. De fato, *"seguindo os passos de Jesus, deveríamos ter como prioridade reservar espaço suficiente para uma conversa pessoal com o Pai, permanecendo em sintonia com o Espírito Santo, o qual sempre nos recordará que na Cruz tudo foi invertido. Não houve 'likes' e praticamente nenhum 'seguidor' no momento da maior manifestação da glória de Deus! Todas as medidas humanas de 'sucesso' são relativizadas pela lógica do Evangelho"*[19]. Ter seguidores, sim, mas conduzi-los a Jesus, que é o Mestre, Caminho, Verdade e Vida! Só Ele tem palavras de vida eterna (Cf. Jo 6,68)!

5.6 Apóstolo Paulo, artesão de comunhão

O apóstolo Paulo é considerado um dos maiores evangelizadores de todos os tempos. Se vivesse hoje, certamente utilizaria, na evangelização, os meios de comunicação social e as redes digitais. Colocaria seus esforços pessoais e as tecnologias da comunicação a serviço da missão.

Porém, onde estava a eficiência de sua missão? Por suas próprias palavras sabemos que não estava nos atributos de oratória ou em outros artifícios exteriores que os comunicadores de seu tempo buscavam para obter sucesso. De fato, conforme afirmavam alguns da comunidade de Corinto, "suas cartas eram duras e fortes", porém, "tinha pouca presença e era um pobre orador" (Cf. 2Cor 10,10).

Paulo não utilizava os métodos dos "falsos apóstolos" ou "vendedores da Palavra de Deus" (2Cor 2,17). Estes

---
[19] DICASTÉRIO PARA A COMUNICAÇÃO, *Rumo à presença plena*, nº 79.

eram pregadores que, aproveitando-se dos recursos da oratória e primando pelas aparências, buscavam explorar a fé do povo, com interesses econômicos. O apóstolo dos gentios jamais pensou a evangelização nesses termos. Inclusive manteve-se na profissão de fabricante de tendas para não ser pesado economicamente às comunidades.

Ainda que não tivesse excelente oratória, Paulo se distinguia pelo "conhecimento" (2Cor 11,6). Nisso estava a diferença de seu trabalho de evangelização em relação à pregação dos exploradores do povo. O conhecimento, porém, não se reduzia à formação intelectual, mas incluía sobretudo a sua experiência pessoal de Jesus Cristo. Quanto à sua formação intelectual, Paulo havia sido educado na mais perfeita tradição judaica. Levava consigo uma bagagem cultural que incluía um conhecimento profundo das tradições do judaísmo e noções da filosofia e religiões gregas do seu tempo. No entanto, a experiência que teve de Jesus no caminho de Damasco marcou profundamente sua vida, mais do que todos os estudos e práticas religiosas.

De perseguidor da Igreja, Paulo passa a ser um instrumento de comunicação da Boa Notícia. Da conversão nasce a missão em cujo fundamento está uma convicção: "sei em quem acreditei" (2Tim 1,12). Tem consciência de que o Evangelho que comunica com tanta paixão a todos os povos chegou a ele por meio de uma revelação divina que transformou totalmente a sua vida. A motivação e o conteúdo da comunicação de Paulo é a pessoa de Jesus, morto e ressuscitado, a ponto de dizer: *"Eu vivo, mas já não sou eu que vivo, pois é Cristo que vive em mim"* (Gl 2,20).

O apóstolo Paulo colocava Jesus como centro da sua mensagem. Como ele mesmo afirma: *"Não pregamos a nós mesmos, mas Jesus Cristo Senhor"* (2Cor 4,5). E não evangelizava sozinho. Conseguiu formar uma rede de colaboradores, homens e mulheres, inseridos nas diversas comunidades por ele fundadas e acompanhadas pelo seu ministério. De fato, como já afirmamos, Paulo não era um comunicador no sentido de espetáculo, mas como verdadeiro artesão de comunhão entre as pessoas. A missão de Paulo consistiu em usar da comunicação (presencial ou escrita) para levar as pessoas a Jesus Cristo e a criar comunhão, no espírito do Evangelho. Eis o desafio para os agentes da Pascom!

5.7 A santidade na cultura da comunicação

A missão da Igreja é evangelizar. O ponto de partida da evangelização é Jesus, que continuamente nos chama a segui-lo e a sermos santos. A santidade é um caminho que concretizamos no cotidiano da vida, a partir da realidade na qual vivemos. Entre os lugares onde somos chamados a santificar-nos, está também o mundo da comunicação. É o lugar para o agente da pastoral da comunicação pode se santificar. Nessa perspectiva, destacamos, entre outras, duas pessoas que buscaram colocar em prática o Evangelho nesse horizonte: o Beato Tiago Alberione e o São Carlo Acutis.

Pe. Tiago Alberione (1884-1971) foi um sacerdote que dedicou toda a sua vida a serviço da evangelização. É o fundador da Família Paulina, em Alba (Itália), ou seja, um conjunto de instituições da qual fazem parte homens e mulheres consagrados, que conta com cinco congregações religiosas, quatro institutos seculares e uma associação de cooperadores. Dentre as congregações, fundou duas dedicadas exclusivamente à evangelização na cultura da comunicação: A Sociedade de São Paulo (Padres e Irmãos Paulinos, em 1914) e a Pia Sociedade Filhas de São Paulo (Irmãs Paulinas, em 1915). Duas instituições que têm por missão utilizar todos os instrumentos de comunicação inventados pela inteligência humana para anunciar o Evangelho.

Deixou, como herança carismática, não somente inúmeras e variadas obras apostólicas, mas uma verdadeira "espiritualidade da comunicação", centrada em Jesus Mestre, Caminho, Verdade e Vida, em Maria Rainha dos Apóstolos e no apóstolo são Paulo. Sobre o Apóstolo dos gentios afirmou, ainda na década de 1950: *"se são Paulo vivesse hoje, continuaria a inflamar-se com aquela dupla chama de um mesmo incêndio: o zelo por Deus e pelo seu Cristo e pelos homens de todas as nações. E para ser mais ouvido falaria dos púlpitos mais altos e multiplicaria sua palavra com os meios do progresso atual: imprensa, cinema, rádio, televisão".*

Com intuição e visão de futuro, o Beato Alberione também afirmou: *"Quando os meios do progresso humano são utilizados para a evangelização, eles recebem uma consagração, são elevados à dignidade máxima. A sala de redação, as dependências da parte técnica, as livrarias, tornam-se igreja e púlpito".* Era ciente de que é preciso chegar com o Evangelho ao mundo, com os meios e as linguagens da comunicação compreensíveis, hoje. Certamente, se estivesse vivo, o padre Alberione teria incluído o ambiente digital nos projetos apostólicos.

Outra referência de santidade, vivida por alguém que sentiu a importância da comunicação, é o jovem são

Carlo Acutis. De família italiana, nasceu em Londres, em 1991. Faleceu de leucemia, aos 15 anos, em Monza, Itália, no dia 12 de outubro de 2006. O que mais buscou, nos poucos anos de vida, foi um mundo mais feliz, dando o seu testemunho, no dia a dia, para que este desejo se tornasse realidade. Apaixonado pela informática, sentia-se atraído pelos meios digitais, com os quais procurou transmitir o Evangelho e comunicar valores. Nesse propósito, criou um site no qual documentava milagres eucarísticos e aparições marianas ao redor do mundo, reconhecidas pela Igreja.

São Carlo Acutis acreditava que a missão dos cristãos não consiste em olhar para si mesmos, mas para o outro, especialmente os mais necessitados. Mantinha esse ideal, expressão de sua fé e movente de sua vida, enraizado em Jesus. Dizia: *"Estar sempre com Jesus, este é o meu projeto de vida"*. Era consciente dos benefícios das redes sociais para a evangelização, e também do perigo de tornar as pessoas alienadas e descaracterizadas na sua identidade cristã, a ponto de afirmar: *"Todos nascem originais, mas muitos morrem como fotocópias"*.

Obviamente, nenhum agente da Pascom deseja ser uma fotocópia, mas estar no mundo com a sua identidade pessoal, com a sua originalidade, com seus valores e dons recebidos. Jesus, o comunicador perfeito, chama cada agente pelo nome e o convida a segui-lo, de modo especial, a testemunhar o Evangelho e a percorrer o caminho da santidade, na cultura da comunicação. Isso supõe também habitar, com ousadia e criatividade, o ambiente digital, e de não ter medo de levar para essa realidade o estilo cristão de ser e de agir.

ORAÇÃO

Senhor, fazei de nós instrumentos da vossa paz.
Fazei-nos reconhecer o mal que se insinua
em uma comunicação que não cria comunhão.
Tornai-nos capazes de tirar o veneno dos nossos juízos.
Ajudai-nos a falar dos outros como de irmãos e irmãs.
Vós sois fiel e digno de confiança;
fazei que as nossas palavras sejam sementes de bem
para o mundo:
onde houver rumor, fazei que pratiquemos a escuta;
onde houver confusão, fazei que inspiremos harmonia;
onde houver ambiguidade, fazei que levemos clareza;
onde houver exclusão, fazei que levemos partilha;
onde houver sensacionalismo, fazei que usemos
sobriedade;
onde houver superficialidade, fazei que ponhamos
interrogativos verdadeiros;
onde houver preconceitos, fazei que despertemos
confiança;
onde houver agressividade, fazei que levemos respeito;
onde houver falsidade, fazei que levemos verdade.
Amém[1].

---

1 FRANCISCO, *52º Dia Mundial das Comunicações Sociais*, 13.05.2018.

Referências bibliográficas

BAITELLO Junior, NORVAL. *A era da iconografia. Reflexões sobre imagem, comunicação, mídia e cultura*. São Paulo: Paulus, 2014.

BENTO XVI. Carta Encíclica *Caritas in Veritate*. Sobre o desenvolvimento humano integral. Na caridade e na verdade, 29 de junho de 2009. Disponível em: www.vatican.va.

BENTO XVI. Carta Encíclica *Deus Caritas Est*. Sobre o amor cristão, 25 de dezembro de 2005. Disponível em: www.vatican.va.

BENTO XVI. Homilia, 18 de maio de 2008. Disponível em: www.vatican.va.

BENTO XVI. Mensagem para o 45º dia mundial das comunicações, 5 de junho de 2011. Disponível em: www.vatican.va.

BENTO XVI. Mensagem para o 46º Dia Mundial das Comunicações Sociais, 20 de maio de 2012. Disponível em: www.vatican.va.

BENTO XVI. Mensagem para o 47º Dia Mundial das Comunicações Sociais, 12 de maio de 2013. Disponível em: www.vatican.va.

CNBB. A comunicação na vida e missão da Igreja no Brasil. *Estudos da CNBB* nº 101, 2011.

CNBB. Diretório de Comunicação da Igreja no Brasil. 4ª ed. (atualizada). Brasília: Edições CNBB, 2023.

COELHO, Teixeira. O imaginário da morte in NOVAES, Adauto (org.). Rede imaginária: televisão e democracia. 2. ed. São Paulo: Companhia das Letras, 1999.

CONCÍLIO VATICANO II. Constituição Pastoral Gaudium et Spes sobre a Igreja no mundo atual, 7 de dezembro de 1965. Disponível em: www.vatican.va.

DICASTÉRIO PARA A COMUNICAÇÃO. Instrução Pastoral Communio et Progressio sobre os meios de comunicação social, 23 de maio de 1971. Disponível em: www.vatican.va.

DICASTÉRIO PARA A COMUNICAÇÃO. Rumo à presença plena. Uma reflexão pastoral sobre a participação nas redes sociais, 28 de maio de 2023. Disponível em: www.vatican.va.

DICASTÉRIO PARA A COMUNICAÇÃO. Ética nas Comunicações Sociais, 4 de junho de 2000. Disponível em: www.vatican.va.

FRANCISCO. Carta Encíclica Laudato Sì. Sobre o cuidado da casa comum, 24 de maio de 2015. Disponível em: www.vatican.va.

FRANCISCO. Carta Encíclica Fratelli Tutti. Sobre a fraternidade e a amizade social, 03 de outubro de 2020. Disponível em:www.vatican.va.

FRANCISCO. Discurso aos funcionários e participantes na Assembleia Plenária do Dicastério para a Comunicação, 12 de novembro de 2022. Disponível em: www.vatican.va.

FRANCISCO. Exortação Apostólica *Evangelii Gaudium*. Sobre o anúncio do Evangelho no mundo atual, 24 de novembro de 2013. Disponível em: www.vatican.va.

FRANCISCO. Exortação Apostólica Pós-sinodal *Christus Vivit*. Aos jovens e a todo o povo de Deus, 25 de março de 2019. Disponível em: www.vatican.va.

FRANCISCO. *Homilia*, 6 de janeiro de 2024.

FRANCISCO. *Mensagem para o 48º Dia Mundial das Comunicações Sociais*, 1 de junho de 2014. Disponível em: www.vatican.va.

FRANCISCO. *Mensagem para o 49º Dia Mundial das Comunicações Sociais*, 17 de maio de 2015. Disponível em: www.vatican.va.

FRANCISCO. *Mensagem para o 50º Dia Mundial das Comunicações Sociais*, 8 de maio de 2016. Disponível em: www.vatican.va.

FRANCISCO. *Mensagem para o 52º Dia Mundial das Comunicações Sociais*, 13 de maior de 2018. Disponível em: www.vatican.va.

FRANCISCO. *Mensagem para o 53º Dia Mundial das Comunicações Sociais*, 2 de junho de 2019. Disponível em: www.vatican.va.

FRANCISCO. *Mensagem para o 55º Dia Mundial das Comunicações Sociais*, 23 de janeiro de 2021. Disponível em: www.vatican.va.

FRANCISCO. *Mensagem para o 56º Dia Mundial das Comunicações Sociais*, 24 de janeiro de 2022. Disponível em:www.vatican.va.

FRANCISCO. Mensagem para o 57º Dia Mundial das Comunicações Sociais, 21 de maio de 2023. Disponível em:www.vatican.va.

FRANCISCO. Mensagem para o 58º Dia Mundial das Comunicações Sociais, 12 de maio de 2024. Disponível em: www.vatican.va.

MAFFEIS, Ivan. Aspectos Religiosos in Atas do 2º Seminário Internacional dos Editores Paulinos. Ariccia-Milão, 17 de setembro-2 de outubro 1988.

JAMESON, Fredric. A cultura do dinheiro. Ensaios sobre a globalização. 2. ed. Petrópolis: Vozes, 2001.

JOÃO PAULO II. Carta Encíclica *Redemptoris Missio*. Sobre a validade permanente do mandato missionário, 7 de dezembro de 1990. Disponível em: www.vatican.va.

JOÃO PAULO II. Carta Apostólica *Rápido Desenvolvimento*, 24 de janeiro de 2005. Disponível em: www.vatican.va.

KELLNER, Douglas. A cultura da mídia. Estudos culturais: identidade e política entre o moderno e o pós-moderno. Bauru: Edusc, 2001.

MARCONDES FILHO, Ciro. O rosto e a máquina. O fenômeno da comunicação visto pelos ângulos humano, medial e tecnológico. Nova Teoria da Comunicação. São Paulo: Paulus, 2013. v. I.

MERLEAU-PONTY, Maurice. Fenomenologia da Percepção. São Paulo: Martins Fontes, 1999.

PAULO VI. Exortação Apostólica *Evangelii Nuntiandi*. Sobre a evangelização no mundo contemporâneo, 8 de dezembro de 1975. Disponível em: www.vatican.va.

PAULO VI. *Mensagem para o 1º Dia das Comunicações Sociais*, 7 de maior de 1967. Disponível em: www.vatican.va.

SANTAELLA, Lúcia. *Culturas e artes do pós-humano. Da cultura das mídias à cibercultura*. Coleção Comunicação. São Paulo: Paulus, 2003.

VVAA. *Influenciadores digitais católicos. Efeitos e perspectivas*. São Paulo: Editora Ideias e Letras/Paulus, 2024.

WOLTON, Dominique. *Pensar la comunicación*. Buenos Aires: Prometeo Libros, 2007.